U0964229

文通天下

突 破 认 知 的 边 界

高段位说话

木 鱼 著

光明日报出版社

图书在版编目（CIP）数据

高段位说话 / 木鱼著. -- 北京 : 光明日报出版社，2025. 8. -- ISBN 978-7-5194-8916-8

Ⅰ. H019-49

中国国家版本馆CIP数据核字第2025KN3367号

高段位说话

GAO DUANWEI SHUOHUA

著　　者：木　鱼

责任编辑：孙　展　　　　责任校对：徐　蔚

特约编辑：王　猛　　　　责任印制：曹　诤

封面设计：万　聪

出版发行：光明日报出版社

地　　址：北京市西城区永安路106号，100050

电　　话：010-63169890（咨询），010-63131930（邮购）

传　　真：010-63131930

网　　址：http://book.gmw.cn

E - mail：gmrbcbs@gmw.cn

法律顾问：北京市兰台律师事务所龚柳方律师

印　　刷：河北文扬印刷有限公司

装　　订：河北文扬印刷有限公司

本书如有破损、缺页、装订错误，请与本社联系调换，电话：010-63131930

开　　本：170mm×240mm　　　　印　　张：16

字　　数：173千字

版　　次：2025年8月第1版

印　　次：2025年8月第1次印刷

书　　号：ISBN 978-7-5194-8916-8

定　　价：58.00元

目录

第一章

认真倾听：会倾听才能让别人打开话匣子

第二章

巧妙提问：用提问的方式让对方敞开心扉

第三章
玩转幽默：说话妙趣横生，更容易打动人心

第四章
不吝赞美：赞美恰到好处，谁听了心里都舒服

第五章
掌握分寸：知道什么话该说，什么话不该说

第六章
化解尴尬：随时随地都能与人愉快地交谈

第七章

深度演讲：每句话都说到听众心里

第八章

沟通定律：巧用心理学，成为说话高手

第一章

认真倾听：

会倾听才能让别人打开话匣子

你真的会倾听吗

你懂得倾听吗？很多人可能觉得这有什么难的，只要有耳朵，听力没有问题，谁会不懂倾听呢？但实际上，听和懂得倾听是有很大差别的。美国著名心理学家托马斯·戈登研究发现，生活中大部分的人其实并不懂得如何去倾听，或者说大部分人在交谈过程中，倾听的效率非常低。而倾听的效率对谈话的效果往往是能起到决定性作用的。不懂得倾听的人，一定程度上也无法将话说到位。

林克莱特是一位著名主持人，主持过许多优秀的访谈节目。有一次，他在主持一档让孩子讲述自己梦想的节目时，其中有一位可爱的小男孩，他说自己的梦想是长大后当一名飞机驾驶员。

看着小男孩可爱又略显拘谨的神情，林克莱特决定跟这个小男孩开一个小小的玩笑。他问道："假如你已经实现了自己的梦想，成为一架民航客机的驾驶员，有一天你驾驶飞机载着你的乘客，飞到了太平洋上空，这时候你的飞机出现了意外，燃油耗尽，所有的引擎都熄火了，你会怎么做呢？"

小男孩显然没有预想过如此严重的问题，他考虑了一会儿，然后认真地回答："我会提醒飞机上所有的乘客都系好安全带，不要惊慌，然后我会背上我的降落伞跳下去……"

小男孩的回答被观众的哄堂大笑打断了。大家都被小男孩一本正经的样子逗乐了——这个自作聪明的小男孩，竟然想到了自己背上降落伞逃命，而且逃命之前还要求大家系好安全带，不要惊慌。这实在是太可笑了，观众觉得这个小男孩能够将人性中自私的一面表达得如此可爱，有种意外的幽默效果，都笑得直不起腰来。

但是此时的林克莱特并没有笑，他认真地盯着这个小男孩。小男孩被观众的哄笑吓坏了，有些不知所措，眼泪在眼眶里打转，几乎要哭出来了。

林克莱特笑着安慰小男孩："不要紧张，我相信你一定有这样做的理由，把它讲出来吧！"

"我要背上降落伞回去拿燃料，然后再回来救大家！"小男孩大声说着，眼泪夺眶而出。

这时观众席一片寂静，每一个人都陷入了沉思。

很多时候，当你在听别人说话的时候，真的会用心去弄懂别人的意思吗？通常情况下，你是像那些观众一样还没听完别人说话就随意下结论呢，还是像主持人林克莱特一样认真地倾听对方内心的声音？

所谓倾听，并非仅仅竖起耳朵就能行的，它需要我们用心去学习和把握，这样才能在交谈过程中获得比较精准的信息，真正了解对方的意图。

美国心理学家托马斯·戈登根据人们的沟通能力和交流效率，把倾听能力从低到高分为三个层次，分别代表交流能力的高低。

在初级层次中，倾听者的状态只能用“貌合神离”来形容。他们在倾听的过程中完全没有注意说话人所说的话，他们假装在认真听，内心却在考虑其他毫无关联的事情，或一门心思想着如何去反驳。他们的心根本不在倾听上，而是在想着自己如何去接话，如何去说。这种初级层次的倾听，没有任何效率可言，很多时候只会带来关系的破裂、冲突，以及错误的决策。

中级层次的倾听，倾听者虽然专心致志，但却局限于对字词表面意义的理解。他们没有错过任何一句话，却错过了讲话者通过语调、身体姿势、手势、脸部表情和眼神等细节所传达出来的信息。这必然会导致倾听者对获取的信息产生一定程度的误解，忽略说话者的内在情感，这些因素都直接影响着交谈的效果。

高级层次的倾听者是最优秀的。他们会留意说话者所透露出来的所有信息，无论是语言文字还是语气、语调、动作等细节，都在他们的“倾听”范围之内。他们会主动在说话者传达的信息中寻找感兴趣的部分，将之转化为获取有用信息的契机。高级层次的倾听者能够做到“知己知彼”，既清楚自己的个人喜好和态度，又能够对对方的情感感同身受。他们在倾听过程中更多的是主动获取信息，而不是武断地下结论。

可以这么说，一个人从初级层次倾听者成为高级层次倾听者的过程，就是其沟通能力不断提升、交流效率不断提高的过程。在开头那个林克莱特采访小男孩的节目中，大多数观众徘徊在中级甚至初级倾听者的层次。他们虽然在听小男孩说话，但实际上却沉浸在自己的世界里，因而获取的信息极为有限，继而得出了错误的结论，并且用嘲笑给小男孩带来了心灵上的伤害，这样的倾听无疑是失败的。

而只有林克莱特，这位优秀的主持人，留意到了小男孩所表达出来的许多细节，并且用心去感受。因此只有他真正听懂了小男孩的话，并且做出了正确的反应。在他身上，我们看到了一个优秀的倾听者所具备的特征，这是我们应该去学习的。

倾听重点，
把话题从信马由缰中拉回来

有技巧的倾听就像是做阅读理解，你要从一堆杂乱无章的话语中，找到关键词，这些关键词就是我们倾听的重点。只有把握住这些重点，我们才能真正明白对方想要传达什么信息，从而让谈话顺利地进行下去。

所谓关键词，就是对方话语中用来描绘具体事实的那些字眼。这些关键词可以透露出很多信息，它们不仅能显示出对方的兴趣和情绪，还能够体现出对方对你的信任程度。也就是说，把握好聊天中的关键词，就等于掌握了整个谈话的重点。

你甚至可以忽略那些关键词之外的话语，只要在回应时紧紧围绕这些关键词，发表你的态度和看法，就能够牢牢掌握对话的走向，建立起良好的交流通道。

张斌是一家系统集成企业的销售主管，最近一直在跟一个企业的采购单，本来一切都很顺利，但是一天晚上，客户忽然联系他说改变主意了。张斌很是疑惑，连夜召集手下两位专门负责这个项目的业务员到公司开会。没想到两个业务员也是一头雾水，都说当天还同客户与另外的合作人一起吃饭，气氛挺融洽的，没有发生什么不愉快的事情，不知道为什么客户突然就变卦了。

张斌觉得这件事情一定有什么缘由，于是第二天一早就亲自上门拜访那位客户，询问原因和自己的疏漏之处。客户被他的诚恳打动了，对他说："我本来是打算与你们公司签约的，但是在昨天我们敲定签约的饭局上，我谈起了我女儿考入重点大学的事情，这是我最近非常开心和自豪的一件事情。我说我为我的女儿感到骄傲，可是那两个合作了很久的销售代表并没有理睬我，甚至都没把我的话当回事，只顾着和别人说话。我觉得这代表你们并不是很重视与我这边的关系，所以准备重新考虑合作的事情。"

张斌这才恍然大悟，原来就是这样一件看似不起眼的小事毁了他跟进了几个月的采购单……

很多时候，沟通交谈的过程可以说是一场战争。要想取得战争的胜利，就得讲究策略和方法，密切关注沟通对象的变化，在倾听过程中抓住对方话语中的重点，得出有用的信息，否则，只会事倍功半。

那么，作为倾听者，如何才能抓住沟通对象话语中的重点呢？

以销售为例，一个优秀的推销员一定懂得抓住沟通对象话语中的关键词。关键词一般是由高频词、表示重点的词或短语，以及某一特定的概念等组成的。高频词是指多次出现的话语，如提问者："先生，你需要什么样的产品呢？"被问者："价格便宜的，优惠的，物美价廉的。"便宜、优惠、物美价廉词义相近，因而可知对方的重点是便宜，那么，提问者就可以推荐一些价格低的产品。

有时对方的回答不会那么正面，比如"我在其他商场也看了同样的产品，但你们之间的价格有差别，这是为什么呢？"我们一定要注意，这里的关键词是"价格"，倘若这时，销售人员抓住产品的差异跟客户大讲特讲，那就大错特错了。在听对方说话时，一定要注意对方话语中的关键词，这样才能够快速掌握对方的真实意图，这才是沟通技巧的重点所在。

在开始的事例中，张斌的两个业务员手下不善于倾听，没有抓住对方多次提到的女儿考入重点大学这一信息，导致得罪了客户。而在生活中，我们也经常遇到这种情况，因为抓不住对方话语中的重点，而产生误解。

因此，在倾听的时候学会去芜存菁，过滤无效信息，抓住重点，随时掌控话题走向，这是一个优秀倾听者必须掌握的技巧。无论对方的话语多么天花乱坠、不着边际，我们都要做到"静听其变"，认真去听，然后抽丝剥茧，寻找与主话题有关的信息和关键词。

会倾听的人不光用耳朵

中医看病，讲究望、闻、问、切，先观察病人的面色，再听病人说话的声音和呼吸用鼻子闻病人的味道，然后再询问病人的病情，最后才是诊脉，经过这一系列的方法，才能判断病人患了什么病症。之所以需要这样繁复的诊断，是因为很多病症在某些方面会有相似之处，只根据片面的情况，是很难精准判定病人的病情的。

其实我们倾听别人说话，跟医生诊治病人有着异曲同工的地方。除了要会听对方说的话之外，还得观察对方的神色，注意对方的情绪变化，等等。只有掌握了这些小细节，我们才能在倾听中抓住有用信息，明白对方表达的重点。因为即便是同一句话，在不同的情绪状态下说出来，所表达出的意思也会天差地别。

一个周末，小梁去拜访一位久未谋面的老友。老友热情接待，特意切了西瓜让小梁消暑，还说要留小梁住两天好好叙叙旧。不过，小梁是个细心的人，在与老友交谈的过程中，他发现对方的脸上有掩饰不住的焦虑，说话时也有些心不在焉，还不时地看表。他立刻意识到可能自己来得不是时候，老友也许有更重要的事情要做。

于是，小梁快速而简单地说明了自己的来意，希望朋友能帮他个忙，然后没有过多停留，便匆匆告辞离开了。

果然，这位老友当天有重要的事务要办，小梁离开后他立刻出门办事了，一直忙到下午。等到事情忙完了，他想起了上午小梁来访的事情，心里有些愧疚，心想人家大老远来一次，自己却如此匆忙地把人家打发走了，这多不好。于是，他全力帮助解决了小梁托付的问题。

很显然，小梁不仅是一个善于倾听的人，也是一个善于在沟通中运用各种细节来获取信息的人。他从老友聊天过程中所表现出来的各种细节判断出对方有急事，然后做出了正确的应对，不仅达到了很好的沟通效果，也达成了自己办事的目的。

美国心理学家艾琳·霍普斯总结出：沟通=45%的语言+55%的表情动作等细节。可见，沟通过程中的倾听并不仅仅是耳朵的任务，更要综合运用各个感官去“倾听”。比如我们在与对方沟通前，要观察对方的表情和动作，揣摩对方的心理，了解对方隐藏在话语背后的真实想法，判断对方是否对谈论的话题感兴趣以及感兴趣的程度。这样沟通才有针对性，才能抓住对方的心思，达到良好的沟通效果。

比如，当谈到某一话题时，如果对方原本放松的表情突然变得凝重或是不自然，就说明这个话题对对方来说比较敏感，此时你必须转移话题。

如果对方在交谈过程中左顾右盼或不时地搔头皱眉，说明对方对你所谈的内容不感兴趣或者没有听明白，此时你需要调整自己的说话方式，或者干脆转换话题。

如果对方在沟通时表情轻松自然，并且积极地回应我们的话语，这就说明对方对现在所谈论的话题非常感兴趣，这时我们就可以主动将谈话深入下去。

如果对方在沟通时只是放松地微笑，而且下巴上扬，这往往说明对方对现在的话题并不是特别感兴趣，但并不厌倦。在这种情况下，我们既可以继续当前的话题，也可以另外寻找新的话题。

如果对方在沟通时只是有一搭没一搭地回答几句，也不愿意与你进行眼神接触，那就表示他对当下所谈论的东西已经厌倦了，心里正在盘算怎样才能摆脱你。这时你必须立即变换谈话内容，或者干脆结束这次谈话。

总而言之，不是听懂别人说的话就能成为好的倾听者，我们还要学会观察别人的表情和各种动作细节，这样才能更容易把握对方的心理。如果在交谈过程中只懂得听，不懂得观察细节，就像在不知风向的情况下去转动船的舵柄，其结果可能就是船在风浪中倾覆。所以，在与人沟通时，对他人的表情以及手势、动作等做到细致观察，是把握对方心理的重要条件，也是提升沟通效果的关键。

倾听的关键是
听到没有说的内容

常言道“说话听声，锣鼓听音”。这是一句俗语，意思是说在听别人说话时要格外注意言外之意、话外音，不能只听表面的意思，而是要学会捕捉对话过程中，对方的各种细节所透露出来的信息和内涵，洞悉其真正想要表达的意思。

公元前630年，正是春秋时代。当时，秦国、晋国联合起来攻打郑国，郑国的形势十分危急。面对两个强国的来犯，当时的郑文公焦头烂额，没了主意。这时有人建议郑文公：既然打不赢，不如采用外交手段，派人去游说秦穆公，破坏秦国和晋国的联盟。

在双方交战的非常时期，这无疑是一项艰巨而危险的任务，唯有智勇双全的人才能完成这一使命。出主意的大臣就推荐了一个叫烛之武的老臣。烛之武是三朝老臣，可是一直没有得到晋升，在郑文公这里更是没有得到重用，只做了一个养马的官。而举荐他的大臣，声称自己了解烛之武的才能，坚信他可以担此重任。

郑文公于是召见烛之武，说明了他的意图。烛之武当时是这样说的："臣之壮也，犹不如人；今老矣，无能为也已。"这句话的意思是说："我年轻的时候就不如别人；现在我已经年老了，还能有什么用处呢？"

这句话如果随便听过去，就会以为烛之武只是谦虚，甚至会觉得他不识抬举。但郑文公是一个很聪明的人，他从这句话中听出了烛之武的话外之音。那就是："我年轻的时候得不到重用，如今老了，你们又想起我的才能了？"这其实不是谦虚，而是一种怀才不遇的埋怨和牢骚。

郑文公马上接口道："吾不能早用子，今急而求子，是寡人之过也。然郑亡，子亦有不利焉。"意思是说："我没有早一点重用你，到了现在这种紧急的情况下才想到你，这是我的过错，实在是抱歉，希望你不要跟我计较。再说，郑国如果灭亡了，你作为臣子，也不会有什么好的结果。"

这番话果然说到了烛之武的心里，于是他接受了使命，来到秦国阵营，在秦穆公面前慷慨陈词。他站在秦国立场上，分析了攻打郑国的利害关系，分析出来的结果是灭亡郑国对晋国利益最大，而保存郑国则对秦国有利。

随后秦穆公放弃了攻打郑国，还与郑国结盟，派人帮助保卫郑国。秦晋之盟就此解散，晋国只好退兵，郑国转危为安。

我们不妨试想：如果当时郑文公没有听出烛之武的话外之音，没有做出正确的应对，郑国很可能就要亡国了。可见，能听懂说话过程中的弦外之音是何等重要！

我们要想成为优秀的倾听者，也一定要具备郑文公这样的智慧。要明白：在许多场合，有一些话不好直说，不能直说，也无法明说，于是，旁敲侧击、绕道迂回，就成为人们常采用的方法。很多时候，同样的话，在不同的人听来，会产生不同的理解，造成不同的结果。

现实生活中，我们在与人交流的时候，也要多想一下，别人的话是否有隐藏含义，别人说的是否只是敷衍场面的客套话。只有这样，我们才能捕捉到有价值的信息，准确、全面地辨别各种言外之意。

当然，这些话语的弦外之音，从表面上是听不到的，但是所传达的信息却是非常微妙的。对于倾听的人来说，如果没有足够的智慧做到观其色、察其心，就很难做到洞悉其弦外之音，洞察对方真正的心思。所以，在沟通过程中，我们要学做有智慧的人，准确捕捉对方每一句话背后的真实意图，这样我们自然能够掌握沟通的主动权。

倾听，高效沟通的前提

在人际交往中，很多人都认为自己是最重要的，并且迫不及待地表达自己的想法。因为他们都认为，只有表现自己的才能，展现自己的优势，才能受到别人的欢迎和青睐。

在这种情况下，愿意倾听的人就变得越来越少了。可事实上，一个滔滔不绝的演讲者并不如一个安静的倾听者受欢迎。滔滔不绝的演讲者可能会招来别人的厌烦，就像一条漏水的船一样，迫使每个人都想要尽快逃离。而倾听者就不一样了，他们懂得细心地听取别人的意见，并且尊重别人的话语权，所以更加受人欢迎，就像一颗宝石一样，让每个人都想要接近。

正如教育家卡耐基所说的："做个听众往往比做一个演讲者更重要。专心听他人讲话，是我们给予他的最大尊重、呵护和赞美。"

秦雨是一名应届毕业生，刚毕业就入职一家公司做企宣。虽然她毕业于名牌大学，也写过很多不错的文案，但是毕竟经验不足。所以，她暗暗地对自己说："我要虚心学习，多听取前辈的经验。只有多听、多学、多看，才能有所进步。"

负责带秦雨的前辈是一个热情的人，也是一个非常健谈的人。每当秦雨向他请教问题的时候，他总是能够耐心地给予指导。可这个前辈正是因为经验丰富，所以经常长篇大论。每次讨论文案的时候，前辈都会滔滔不绝，本来三言两语就能讲完的创意，他要讲半小时左右。

其他人都知道他这个特点，所以每当他讲话的时候都会表现出些许的不耐烦，不是低头不语，就是神游太虚。秦雨却不是如此，她总是能够耐心地倾听前辈的讲话，还会在关键时刻提出自己的一些想法。因此，前辈非常信任和喜欢秦雨，对她给予了非常大的帮助，可以说是倾囊相助。

秦雨是一个非常善于倾听的人，不仅在工作上能够耐心倾听别人的意见，就连与同事闲聊，她也能耐心地听别人说话，很少做不必要的评论。因此，秦雨很快就成为公司最受欢迎的人，所有人都愿意和她打交道，领导也对她十分赏识。短短几年下来，秦雨就成了策划部门的主管。

现在的人们往往都更愿意说，而不愿意静下来听别人说。可他们不知道的是，倾听才是实现有效沟通的前提和重要途径，才是人们受欢迎的关键。所以，不管什么时候，都不要忘了倾听，做一个安静的倾听者。

当然，倾听并不是傻傻地听别人说话，也不是听完就好了。要知道，倾听是一门沟通的艺术，是人与人之间心灵的碰撞。作为一个倾听者，我们要保持良好的精神状态，耐心地倾听对方的讲话。如果我们在听的时候，总是一副无精打采的样子，或是东张西望的，那么不仅会使倾听的效果大打折扣，还会让对方觉得我们对他的话很不耐烦，以至于沟通无法进行下去。

同时，善于倾听并不是完全受别人支配，完全按照别人的想法来做事。高明的倾听者既可以听取别人的意见，让对方感觉到自己对他的尊重，又可以适时地表达自己的意见，达到自己的目的。

不管是在职场上，还是在日常生活中，沟通都是无处不在的。想要高效地沟通，就应该懂得倾听的艺术。它是提高我们沟通效率的关键，更是提升我们个人魅力的法宝。

认真倾听，抓住重点才能带起节奏

在大多数人看来，想要提升沟通技巧，就要练就一副好的“嘴皮子”。只要口才好，自然就能够成功地带起节奏，赢得别人的喜欢，并且达到良好的沟通效果。于是，这些人在与人交流的时候，开始充分地发挥自己的好口才，逮住机会就说个不停。

然而，越来越多的人发现，好口才并没有给自己带来好处，反而让自己越来越被孤立，越来越不受人喜欢。

之所以会出现这样的情况，就是因为这些人不懂得提升沟通能力的关键。其实，这关键所在就是倾听。高效的沟通确实离不开好口才，但是如果你只顾着自己说话，处处表现自己的好口才，却不给别人说话的机会，并且试图靠不停地说话来带节奏，那么只能是适得其反。

我们不妨看看下面这个事例。

小韩是一名汽车销售员，可是他的业绩不太好，很久也卖不出一辆汽车。他觉得这可能是自己口才不好的原因，于是便苦练口才，把各种说服客户的话术都背得滚瓜烂熟。

一天，公司展厅来了一位男士，有购买汽车的意愿，于是小韩热情地接待了他。他说："先生，您想要买什么型号和价位的车？我帮您介绍一款，好吗？您看看这一款，是我们这一季的主打……"

之后，小韩就为这位男士详细地介绍了这款新车的性能、优点等。这位先生点了点头："那价格方面……"

听到这里，小韩立即打断他说："先生，一看您就是比较成功的人，价格肯定不是问题。现在买车主要是看性能……"小韩又滔滔不绝地说了一通，介绍这款车如何如何好，却只是简单地提了一下价格。

男士接着说道："不过，这价格有些高了。我觉得……"

小韩再一次打断了男士："您说得对。这款车的价格确实有些高，不过您既然买车，为什么不买好一些的呢？"

看到小韩几次三番地打断自己，男士不免有些生气，便不耐烦地说："我想再看看。"

可小韩显然没有意识到自己的问题，他只想着要拿下这个客户，便又说道："先生，您再给我两分钟时间，您可以详细地了解一下……"

他还没有说完，男士就生气地说："你能不能别说了！从开始到现在，你一直说个不停，从来没有问过我的需求，也没有听我说过话。你真是太过分了！"

听了男士的话，小韩愣住了，满脸通红地站在那里，不知所措。

自顾自地说个不停，不懂倾听客户的需求，是小韩失败的原因所在。一旦你企图说个不停，那么沟通就很难成功了。

不管和什么人沟通，我们都不能只顾着自己，企图全程带节奏，牢牢把持话语权。事实上，即便你掌握了话语权，也很难带动节奏，实现自己的目的。沟通不像辩论，谁掌握了话语权，谁就占据了优势；谁压倒了对方，谁就能获得胜利。很多时候，适时闭嘴，认真地倾听对方的需求，然后抓住对方说话的重点，才能真正地带起节奏，并且实现有效的沟通。

一个成功的沟通者，应该是高情商的说话者，懂得什么时候该说话，什么时候该倾听。他们绝不会和他人抢着说话，即便有疑问和意见，也会等对方说完之后再去表达。

正如卡耐基所说："做一名好听众远比自己夸夸其谈有用得多。"事实上，掌握对话节奏并不是靠滔滔不绝就能实现的。如果你能够认真倾听，了解对方的需求和心理，那么或许只需简单的几个问题或是几句话，就可以让对方顺着你的意思去做。到那个时候，你的一两句话就可能赛过长篇大论。

懂得倾听，才能聊得开心

在人际交往中，很多时候，耳朵的作用要比嘴巴大得多。耳朵听到声音会让人警惕，嘴巴却容易给人招惹祸患。所以充满智慧的先人们才会不厌其烦地告诫我们：会听比会说更重要。

一位心理学家曾这样说过："维持人际关系、保持友谊最有效的方法，就是学会以同情和理解的心情去倾听别人的谈话。"

一些人际关系专家经研究后也得出了类似的结论：很多人之所以没有好的人际关系，并不是因为他们不会说话，或者不懂得应该怎么说话，而是因为他们缺乏倾听别人说话的耐心，或者根本就听不出别人的言外之意。

在人际交往中，善于倾听是非常重要的。懂得倾听，才能把话说到别人心坎里，与别人聊得开心，从而交到更多的朋友。这也正是情商高的人通常更受欢迎的缘故。

一次，方岩从外地出差回来时，在飞机上巧遇了大学同学李青。在闲聊过程中，方岩得知李青现在在一家知名外企上班，这令他感到非常震惊。那家外企在业内十分出名，门槛很高，没有优秀的履历和丰富的工作经验，根本不可能进得去。李青虽然优秀，但以他的条件，想进这家企业并不是一件容易的事。

看出方岩的疑惑，李青笑着说道："其实能被录取我也很意外。我们大学毕业那年，公司因为要开拓日本市场，所以特别招聘了一批懂日语的新人。你知道，大学时候我的'二外'就是日语，虽然不是特别专业，但一般的日常对话没有什么问题，所以就抱着试一试的心态去应聘了。没想到我居然幸运地通过了笔试，进入最终的面试环节。当时，进入最终面试的加上我一共有三个人，其他两个都是日语专业的学生，日语说得比我好多了。主考官让我们各自将一段中文翻译成日语，然后又设定了一些场景让我们和他自由对话。其实我的表现挺业余的，根本比不上那两位。但出乎意料的是，最后主考官却选择了我，并通知我一周后到公司参加培训。"

听了李青的话，方岩更疑惑了："这是为什么呀？"

李青笑了笑回答说："当时我也问了主考官同样的问题。他告诉我，当他和我们三个人分别对话的时候，只有我一直认真地注视着他，并且倾听他所说的每一句话，从头到尾都没有试图打断他的发言。他觉得和我对话很舒服，让他感觉到了被尊重和重视。而另外两个日语专业的学生，或许是急于表现自己的能力，不知不觉就表现得有些盛气凌人，说话也有些咄咄逼人。他说，客户不会喜欢这样‘气场强大’的谈判对象的。”

李青之所以能够战胜专业能力比自己更强的竞争对手，归根结底，靠的是自己善于倾听的好习惯。一场谈话是否成功，很多时候不在于你们谈了什么、有没有深度、有没有思想，而在于这场谈话是否做到了宾主尽欢，让参与谈话的双方都感到满意和愉悦。

在人际交往中，懂得倾听要比懂得说话更容易获得别人的好感。懂得倾听的人往往会给人一种谦虚好学、诚实可信的好印象。更重要的是，在遇到一些自己不擅长的话题时，多听少说也能避免自己说出不成熟的观点，闹出笑话。

倾听看起来容易，但真正要做好却一点儿也不简单。以下几种技巧或许能够帮助你成为一个合格的倾听者。

1. 诚心实意，不可敷衍。

认真倾听对方说话，让对方感觉自己被尊重、被重视，这对提升好感是非常有效的。为了让对方感觉到你在认真倾听，你一定要诚心实意，绝不可敷衍。例如，当对方说话时，我们可以注视对方的双眼，表明我们对他所说的话很感兴趣。如果对方说话时，我们总是东张西望，那么必然会让对方觉得我们心不在焉。

2. 适时提出问题，或给予反馈。

在倾听的过程中，一直沉默不语是不行的，这会让对方感觉你根本没有在用心听他说话。所以，我们要懂得适时地给予一些反馈，比如就对方谈论的话题提出一些问题，或者给出一些评价，等等，表明我们确实在用心听对方说话。

3. 及时提问，切忌不懂装懂。

聊天不是讲单口相声，必须有互动。所以，在听别人说话的时候，当听到自己不懂的地方时，一定要勇敢地提问，千万不要碍于面子不懂装懂。要知道，你的提问不仅能够让对方感觉到你听得认真，对他所说的东西感兴趣，更重要的是，还能满足对方在谈话中被人认可的心理需求，对提升好感、拉近距离大有裨益。

你明白对方到底要说什么吗

说话是一门艺术，是人与人之间交往的必要手段。可如何倾听，则是一门学问。一个人如果不会倾听，就不能了解对方的想法，不知道如何与对方交流。尤其是在人与人之间的交往中，很多时候话语中或多或少地会隐藏着一些弦外之音。如果我们不能学会倾听对方的讲话，就无法从对方的言语中得到更多的信息，明白对方的意图。结果只能导致沟通失败。

因此，我们要学会倾听对方的讲话，耐心、细心地去倾听，并且学会认真地琢磨和发掘，以便听明白对方话里话外的含义。而想要做到这些就需要我们提高自己的判断力和理解力，并且站在对方的角度来思考问题，从对方的言语和神态中来判断对方究竟想要表达什么。

一天，一位男子到一家商店，想要买一把剃须刀。

店员非常热情地说："您想要高档一些的品牌，还是普通的品牌？我们这里有很多款式，我可以为您推荐一下。"

男子说："当然是高档一些的。现在谁还想要不好的东西？"

随即，男子拿起一款剃须刀，问道："这是什么品牌？这品牌是最好的吗？"

店员回答说："是的，这是一个老品牌，质量非常不错。"

男子问："那这款剃须刀多少钱？"

店员微笑着回答："现在我们正在搞活动，原价是980元，现在是580元，非常合算的。"

男子惊讶地说："什么？这也太贵了。我之前的剃须刀才200元，也是很好的品牌。"

店员立即反驳说："我们这里也有200元的，只不过质量肯定没有这款好。您手上拿着的这个是最高档的，质量肯定不一样。"

男子说："可是这个价格还是比较高。"

店员立即说："您要知道，一分钱一分货。那个200元的肯定不如这款……"

店员还想劝说这位男子，可是男子却明显没了兴趣，还说想再到别家去看看。这时另一个店员过来了，立即上前问道："先生，您想买什么样子的剃须刀？不如我给您介绍一款。"

男子又回来了，说道："你想要介绍什么样的？"

这个店员拿出了另一款剃须刀，说："这是 × × 品牌新出的剃须刀，款式新颖，而且刀头有独特的设计，可以避免伤到脸颊。很多人都喜欢这一款，您要不要试试？"

男子问："这个多少钱？"

"235 元。而且这是这个品牌的最新产品，质量非常好，性价比也非常高。"

男子看了看，随即就买下了那款剃须刀。

为什么男子没有买下第一个店员推荐的那款剃须刀，却买下了第二个店员推荐的产品？是因为第一个店员并没有听懂男子话里的意思。每个人都想要最好的、最高档的东西，可是有些人的经济条件决定了他们不能或是不舍得买太贵的东西。所以他们会权衡一下货物的质量和价格，选择价格适合，质量又不错的东西。这个男子就是如此。

从他的话里，我们明显可以知道，他觉得第一个店员推荐的剃须刀太贵了，想换一个价格适中一些的。可是，店员却一味地推荐价格高的产品，所以他才选择了离开。而另一个店员弄明白了顾客的真实意图，给他推荐了一款性价比高，质量也非常不错的产品。

在很多时候，由于种种原因人们可能会委婉地表达自己的想法，或是所说的话可能并非都是真话。如果我们不能注意听其言、辨其意，那么就会让自己陷入误区，使得沟通无法顺利地进行下去。严重的时候，我们还会因为误会了对方的意思，而让自己陷入被动之中，从而导致沟通失败。

而如果我们能够学会倾听，提高自己的倾听能力和水平，提升自己的沟通能力，练就高超的判断力，那么还用愁不能明白对方的意图吗?

因此，想要高效地沟通，就必须正确理解对方的真实意图，弄明白对方到底想要说什么。

不想听别人说话，怎能成为社交高手

“情商”这个词，我们再熟悉不过了。在我们的认知里，情商高的人与他人相处时，绝对不可能冷场，更不可能把天聊“死”，他时刻都能找到话题，滔滔不绝地说下去。因此，我们总是羡慕、欣赏那些情商高的人，希望自己也能够像他们一样，成为聊天高手。

可是，我们忽略了一件事，单单会说话，并不能有效沟通。有说的一方，就有听的一方。情商高的人，确实能把话说得很漂亮，但对方是主动听你说，还是被迫忍受呢？如果是后者，那肯定无法实现高质量的交流。

可见，在说话这件事上，情商的高低，并不会对双方谈话的质量起决定性作用。假设一个人情商虽然不够高，但他能清楚认识到自己的格局，喜欢倾听别人说话，而不是大放厥词，相信别人也是愿意跟他交流的。

有格局的人，即便不擅长说话，但如果懂得倾听，懂得在关键时刻给予回应，一样能跟别人达成高质量谈话。

倾听并非像我们以为的那样，一个人在单纯地用耳朵听，另一个人在不停地用嘴说。倾听需要全身心地投入，感受对方在谈话过程中表达的言语信息和非言语信息。

然而，我们常常见到唠唠叨叨、说个不停的人，或者咄咄逼人的人。

为什么安安静静坐下来听别人说话的人很少呢？其中最大的原因就是，人们总是更关注那些能说会道、看似情商高的人，却忽略那些沉默寡言的人。在大部分人的认知里，能说会道的人都是精明的，比如，在招聘时，很多面试官都会看重面试者的说话能力。

现在看来，虽然能说会道的人受人偏爱，但是懂得在适当的场合保持沉默的人更容易受到别人的尊重和欢迎。在一个大家都议论纷纷的场合，懂得倾听的人会更有格局，能意识到认真听别人说话比自己说个不停，更能彰显自己的情商。

李婉茹是一个非常安静的女子，她跟别人交谈时喜欢听别人说，自己却不怎么说话。令人意外的是，李婉茹有很多善于交际的好朋友，这让不熟悉李婉茹的人感到非常不理解。其实，原因很简单，她非常善于倾听。

有一次，李婉茹受邀参加一个关于动物保护研究的宴会。会上有很多人热爱动物，而且对动物保护方面有一定的研究。李婉茹对这方面了解得并不多，但是她非常感兴趣，所以当那些人侃侃而谈时，她一直在认真地倾听，偶尔发表一下自己的见解。宴会结束后，李婉茹收到了好几个人的邀请，请她参加下一次聚会，甚至还有人夸赞她是一个“极富鼓励性”的人，是一个优雅的女人。

在动物保护方面，李婉茹是一个知识非常匮乏的人，在宴会上没怎么讲话。但是，就因为她懂得倾听，很多人愿意和她做朋友。由此，我们知道，会说话的人固然受人欢迎，但有的时候，懂得倾听的人会更受人喜爱。

现今社会，懂得倾听的人越来越少了。很多人在参加各种演讲补习班和线上的付费口才培训课，希望自己变得越来越能说，希望凭借自己的“三寸不烂之舌”让生活越来越好。

当我们与人交谈时，一般会“恭维”别人一番，但有的时候，与“说”相比，人们更需要的是“听”。对一些人而言，倾听，才是对他们最好的“恭维”。

有人在仔细地、安静地听我们讲话，一直对我们的讲话保持着浓厚的兴趣，我们才有更大的动力维持这场谈话。

雷哥是一个能说会道的人，他随机应变的能力经常让旁人为之折服。但很不幸的是，雷哥的朋友非常少，他自己也非常困惑。后来，经过别人仔细分析，雷哥才发现，导致他没有朋友的最大原因竟然是自己“太能说”。

确实是这样，雷哥随便拉个人都能说上大半天，他太能说了，经常一说话就“刹不住车”，自己一个人说个不停，别人却没办法插嘴。

此外，雷哥虽然能说，但说的都是一些虚无缥缈的废话，别人听了半天也没有从中收获到什么，还浪费了时间。长此以往，自然就没有人愿意听他讲话了。

生活中，有一群像雷哥这样的人，他们在讲话的时候，并不关心听众是否喜欢、是否对这个话题感兴趣。他们只是一味地在讲自己感兴趣的事，或者完全依照自己的思维方式来表达，发泄自己想要说话的欲望。整个过程，始终是他一个人在说话，这当然是社交大忌。

在一家报社做记者的马先生，曾采访过很多知名人士。每次采访完这些名人之后，他都能与之成为朋友。如果问马先生有什么秘诀，得到的答案很简单，就是认真地听他们讲话。马先生说：“现在，很多人之所以不能给人留下好印象，就是因为他们不懂得倾听。一些名人曾经告诉我，他们不太喜欢滔滔不绝的人。可生活中偏偏有些人不明白这个道理，总是拼命地想表达自己，而不给他人讲话的机会。让他们听别人讲话，简直是太难了。”

可见，我们要想让自己成为受欢迎的人，除了懂得说话的技巧外，还应该学会倾听。

倾听是一门艺术，它不只是简单的听与不听。倾听者对于谈话所投入的精力，并不比说话者少。当别人滔滔不绝地讲话时，你要认真倾听，还要不时地做出积极的回应，表现出你的喜欢和尊重。

你可能会问：如何才能成为一个好听众呢？建议你从以下几点加以学习。

1. 全神贯注地倾听别人讲话。

当别人跟我们讲话时，我们要注视着对方的眼睛，停下手里的一切事情。不然，对方会觉得你根本不乐意听，也不尊重他。这个倾听原则，适用于任何一种沟通，哪怕说话者的地位比你低，年龄比你小。

2. 适当的时候给予回应。

沟通交流时，如果你从头到尾一句话都不说，会让人觉得很死板，气氛也不融洽。适当的时候，你要回应一下对方，哪怕只是简单的“是”“结果呢”“怎么样”等。如此一来，对方就知道你在认真听他讲话，他会更愿意说下去。

若是没有听清楚，不妨问一下，不要以为这样对方会不高兴，其实这恰恰表明你很关心他的话题。当然，在提问的时候，千万不要乘机抢过对方的话头，这样会引起对方的反感。除非对方的话已经讲完，你才能接过话茬。

3. 不要轻易打断对方的话。

听别人讲话时，就算对方有地方说得不对，也不要立刻打断他的话，纠正他的错误，更不要露出轻蔑的神情，否则很容易伤害到对方的自尊心。哪怕你不喜欢对方谈论的话题，也不能直接打断。适当的时候，巧妙地引出另外一个你们彼此都喜欢的话题，这样做会显得更得体。

掌握了这些要领，你才能成为一个出色的倾听者。当你学会了认真倾听，对方会觉得你很亲切、善解人意。这对于每一个想要给对方留下好印象的人而言，都是必不可少的沟通技巧。

最后强调一下，在需要沟通的场合，倾听能显示出你的格局，与其让别人觉得你是一个能说话、情商高的人，不如让他觉得你是一个有格局、心胸宽广的人。

第二章

巧妙提问：

用提问的方式让对方敞开心扉

好问题的力量

在一场谈话中，提问是帮助我们引导话题和获取信息的重要手段。会不会提问对于一场谈话而言是非常重要的。会问问题的人，通过提问就能掌握谈话的主动权，让话题朝自己所预期的方向发展，并得出自己想要的答案。

在亲戚的介绍下，刘晓参加了一家轮胎销售公司的面试。面试结束时，面试官给了所有面试者一个机会，让大家提出自己的疑问，由面试官来回答，但每个人都不知道其他人问了什么问题。轮到刘晓的时候，他很不以为意，只随便问了一句："作为资深前辈，您觉得我在面试中的表现如何？"

面试官给刘晓的回答非常官方，既没说好，也没说不好。几天之后，刘晓得知自己没有通过面试，而公司最终录取的是一个无论学历还是经验都不如他的人。刘晓知道面试结果之后觉得很不服气，通过亲戚找到了当时的主面试官，询问他自己究竟哪里做得不好，让公司觉得不满意。

面试官和刘晓的亲戚是朋友，两人关系很好，所以并未责怪刘晓的莽撞，而是拿出了面试时的记录，抽出其中一张递给刘晓，告诉他说："你先看看这个，这是当时让你们每个人提一个问题的时候，那位录取者问的问题。"

刘晓接过那张纸，上面记录了那人提的问题："我刚才面试时，看了下公司的宣传资料，我看到公司生产线的设备都是眼下最先进的，而这些设备我并不是很熟悉。那么，我想知道，公司是会对我们进行专门和系统的培训，还是让我们自己去学习、去掌握呢？"

看刘晓依然一副迷惑不解的样子，面试官微笑着解释道："你还记得当时你问了什么问题吗？说实话，你的那个问题简直就是一句没有用的废话，没有任何意义，而且实在太笼统了，根本没有回答的价值。但你再看这位面试者提出的问题，很显然，他的提问有着非常强烈的针对性，并且很具体，是着眼于未来工作进行的提问，而且正是面试官们最关心的问题。从他提出的问题就能看出，他是做足了功课的，而且对公司有一定的了解，对自己未来的职业规划也有清晰的思考。"

听了这话，刘晓有些不服气地说道："不就是一个提问吗？贵公司根据这样一个无关紧要的提问就来决定录取谁，是不是太草率了？"

面试官笑了起来，没有急着回答刘晓的话，而是问了他另外一个问题："如果你通过面试，被安排到公司旗下的一间轮胎专卖店里销售轮胎，然后来了一位客户，要求更换轮胎，你会怎么招待他？"

刘晓想也没想就立即答道："当然是根据客户要求的参数来帮助他选择具体的型号……"

面试官笑着摇了摇头，继续说道："那位通过面试的新员工先是询问了客户平时开车的路况，得知他平时几乎都是在柏油路上开的。但他又留意到，客户要更换的旧轮胎使用时间并不长，于是推测客户平时行驶的道路可能上下坡或弯道较多。得到肯定的答案之后，他向客户推荐了一款抓地能力和耐磨性能都很好的轮胎，并告诉客户，这款轮胎不仅更安全，而且可以减少更换轮胎的次数，节省开支。客户非常满意他的推荐，对我们店的评价也非常好。那款他推荐给客户的轮胎正好是我们公司新推的主打产品之一。提问其实不仅仅是提出一个问题那么简单。不懂提问，你只能成为一名合格的销售员，却永远成不了一名优秀的销售员。"

俗话说"牵牛要牵牛鼻子"。经验丰富的老农知道如何让牛听话，那就是给牛系上鼻环，用绳子牵着，这样牛就会听话。而我们在同他人交谈时，也要学会"牵鼻子"，学会运用问题的力量来达到自己的目的。就像那位通过面试的员工，他就是位善于提问的高手。在面试时，他用提问向面试官展示了自己对公司的了解和对未来的职业规划，赢得了面试官的好感；而在推销时，他则用提问不动声色地收集了客户的信息，从而根据这些信息为客户提供了更好的产品选择，赢得了客户的信赖。

这就是提问的力量。爱因斯坦曾经说过：提出一个问题往往比解决一个问题更重要。交谈的过程也是如此。一个善于提问的人，总是能够主导谈话的走向，给对方留下深刻的印象。那些优秀的演说家、谈判专家以及销售高手，几乎有一个相似的特质，就是特别擅长提问题，也特别喜欢提问题。

当然，问题也并不是随便提的，而是要经过深思熟虑，在充分的准备之下提出问题，要让自己提出的每一个问题都有针对性。正所谓“智者问得巧，愚者问得笨”。一个好的问题，抵得上一万句不得要领的废话。

总之，无论在何种情形下，只有学会抓住谈话的关键，用精准的问题来推进谈话，以达到自己的目的，才算得上一个聪明的沟通者。

了解越深入，提问越精准

中国有句古话：知己知彼，百战不殆。这是两千多年前，经典著作《孙子兵法》总结出来的。这一技巧，在沟通和谈话过程中，同样起着至关重要的作用。很多时候，只要你留心，看似不经意的一句话，就能够让你获知对方的许多信息。而这些信息，可以帮助你随时调整交谈的节奏，提出更加具体、更加有针对性的问题，从而进一步掌控局面。

所以在聊天时，我们一定要注意信息的采集。一直在说自己的事情，不给对方发言的机会，无异于是一种单方面的展示，而没有接收信息的环节。这样一来，别人对你倒是了如指掌，可你对对方却一无所知。这样的信息不对等不仅于交流无益，还会让对方觉得自己不受重视，不被尊重。

所以，在聊天的时候，不妨多听听那些关于别人的故事，在这个过程中记住一些重要的信息，例如职业、喜好、生日等。有了足够的了解，我们就可以进一步提出一些对方喜欢回答并且能够增进彼此了解的问题，比如对方未来5年的职业规划是什么，对方喜欢哪种生日礼物，等等。了解得越深入，我们的提问就能越精准，从而让谈话越成功。

这天，王大妈来到农贸市场，准备买些水果。她来到一个小贩的小摊前问："你这杏怎么样啊？"

"我这杏又大又甜，特别好吃！"小贩赶紧说道。

王大妈摇摇头走开了，又来到另一个小贩的摊前，问了同样的问题。

这个小贩眨了眨眼睛，说道："我这里是专门卖杏的，啥样的都有，您想要什么样的？"

"我想要酸一些的。"王大妈说道。

"那您挑这一篮里的，保准你酸得直流口水！"小贩提了一篮杏递过来，王大妈买了两斤。在离开的路上，王大妈又看到第三家卖杏的摊位。这第三个小贩一眼就看到了王大妈手里的杏，他主动跟王大妈打招呼，问道："大妈，别人买杏都买大的，我看您这袋子里的杏个头都不大呀？"

"我儿媳妇怀孕了，总想吃酸的东西，我特意给她挑的酸杏。"王大妈笑着说。

"哎呀，您这老太太可真是明白人，对儿媳妇这么体贴，回头一准儿给你生个大胖孙子！"这小贩的嘴特甜，几句话把王大妈说得眉开眼笑。于是王大妈又在他这里挑了两斤酸杏。

小贩一边给王大妈称杏，一边问道："大妈您知道孕妇最需要什么营养吗？"

"营养肯定是都需要，最需要啥……这我还真说不上来。"

"孕妇最需要的是各种维生素。维生素补充全面了，才能让孩子更聪明。您知道我这里哪种水果维生素含量最高吗？"

"哪种？"这个问题王大妈还真不太清楚。

"是猕猴桃！"小贩拿起一颗猕猴桃说道，"这可是维生素之王，孕妇常吃这个，保准生的孩子聪明又机灵。"

"是这样啊？"王大妈隐约听说过"维生素之王"这件事，于是又买了两斤猕猴桃。

小贩开心地给王大妈称好，装好，又叮嘱道："大妈您知道吗，我这儿是这市场里品种最全的水果摊，而且保证新鲜。每天的水果都是我一大早去批发市场挑选回来的。我每天都在这儿。您儿媳怀孕多久了？不同阶段需要的营养也不同，我可以给您搭配着推荐。"

"那太好了，还是你卖水果专业，我儿媳怀孕三个多月了，以后吃水果就来你这儿了！"王大妈很开心，她觉得这第三个小贩真是体贴又专业，以后儿媳妇要吃的水果都来他家买。

很显然，上面的三个小贩，要数第三个问题最多的这个最聪明。他用一个问题引起了王大妈的注意，然后又用一连串的问题，获取了王大妈儿媳怀孕以及怀孕多久的信息。不仅卖出去了两样水果，还锁定了未来一段时间王大妈的买水果意愿，这无疑是非常成功的。

当然，用问题来获取信息只是各种获取信息的办法中的一种。在日常生活中，我们完全可以运用各种各样的方法和手段来获取对方的信息。古人说“工欲善其事，必先利其器”。在谈话时，“利其器”的过程，其实就是一个信息收集的过程。我们要学会通过各种蛛丝马迹来获取信息，更深入地了解对方，从而提出更加精准有效的问题，让自己成为一个受欢迎的交谈对象。

开放式提问避免“尬聊”

在谈话中，我们最害怕遭遇的就是冷场和尴尬的场景，而提问恰恰是最容易引起冷场和尴尬的“罪魁祸首”。可偏偏在谈话中，提问是必不可少的，那么，我们究竟该如何避免这种引起冷场和尴尬的失败提问呢？这就需要我们了解“安全问题”这个概念了。所谓安全问题，就是一些设定为开放式的提问。这种提问可以有效避免冷场和尴尬，还可以带动起被提问者的热情和兴趣，从而增进聊天的气氛。

心理学家曾经总结过许多著名演讲家的演讲，发现这些演讲家之所以能够使演讲精彩、引人入胜，就是因为他们懂得如何提问，用提问去引导听众，调动听众的热情，让听众参与到演讲中。接下来，演讲家只要保持问题能够继续提下去就可以了。很显然，演讲家所提的问题通常属于“安全问题”。

海鹏是某智能马桶厂家的销售员。这天，他去外地出差拜访一位经销商。这位经销商是厂家的大客户，销售量一直非常可观。见面时，海鹏准备跟他聊聊智能马桶的使用体验，就问这位经销商：“您家里用的是咱们厂家哪一款智能马桶呢？”没想到经销商回答道：“家里人都习惯使用蹲便，所以我家里是没有马桶的。”

这个回答大大出乎了海鹏的意料，气氛变得很尴尬。他本来以为经销商肯定会使用自家产品，事前做了一些准备。但这样一来他之前准备的好多问题和聊天内容都落空了，甚至不知该如何继续交谈下去。

海鹏这次谈话的失败在于，他在提出问题的时候，没有把对方可能给出的答案都预想一遍，只自以为是地预设了一个“理想的答案”。结果，当答案与“理想”不符的时候，话题也就无法再继续下去，只能以尴尬的冷场来收尾了。同样的情形我们还会在一些上级与下属的对话中看到。当上级询问下属一些难以回答，或者答案不是那么容易启齿的问题时，谈话就很容易陷入尴尬。而那些高明的领导者，在与下属沟通时，往往会使用一些开放式提问，从而让问题变得更加“安全”，避免冷场尴尬给下属带来不适感。

开放式提问的好处就在于不管领导提出的是何种问题，都能够让下属有话说，让领导能够继续提问下去。比如，在询问下属业绩时，领导如果直接问：“你这个月的业绩达标了吗？”

那么下属面对这个问题时就局限在两个答案之内：达标或者不达标。

很显然，如果回答是“达标”，那么对话还可以愉快地继续；如果回答是“不达标”，就尴尬了，对话的气氛瞬间就会发生变化。

因此，高明的领导往往不会直接问，而是换个方式问：“这个月的工作怎么样，压力大不大？”这样一来，下属就可以从多方面来回答。领导可以从回答中找出问题继续提问。

同样的道理，员工工作出错时，高明的领导不会直接问：“你知道自己错在哪里吗？”而是会问：“如果让你换一种处理方式，你会怎么做？”而在员工工作遇到困难时，他也不会问：“这个问题你能不能解决？”而是这样问：“你准备用什么方法来解决这个问题呢？”

总结起来就是：开放式提问其实就是尽量扩大对方回答问题的范围，而不是限制在简单的回答里。换句话说，就是努力让对方能够接上话，从而让对话愉快地进行下去。这一技巧在销售过程中尤其常用。那些优秀的销售员，会在拜访客户之前精心准备要提的问题，而且这些问题往往是范围广、开放性的问题。这样的问题有利于提升客户对话的热情，让客户不至于无话可说，这样一来，销售员就可以从客户的回答中搜集到自己想要的信息了。

销售员海鹏就是因为没有掌握这个技巧，一开始就让客户把话说“死”了，所以也就无法继续提问下去，不仅场面陷入尴尬，而且失去了进一步获取信息的机会。这是我们每一个人都要引以为戒的。在日常对话中，我们不妨多留意一下都有哪些开放式的提问，然后把它们记下来，在需要的场合，就可以信手拈来，随机应变。比如以下这些问题：

请问我有什么可以帮助你的吗？

关于公司未来的发展，你有什么好的想法和建议吗？

如果现在你有足够的能力，你最想做什么事情？

你认为什么样的问题值得去解决？

很显然，这些问题都属于开放性的提问，在很多场合都适用，而且很容易回答。它们不仅能帮你打开聊天局面，而且能够帮助你了解对方的一些基本信息。当然，开放式提问更大的意义在于打开局面，避免冷场，从而进一步提出其他有价值的问题，以获取更多的信息。我们要想成为聪明的交谈者，就必须掌握这个技巧。

避开提问的雷区

在中国有这样一个典故：据说在龙的咽喉部位下方生长着几片逆鳞，这几片逆鳞是无论如何也不能碰的，如果不小心碰到了逆鳞，就会激怒龙，甚至要面临被龙吞噬的危险。对龙来说，触摸到了逆鳞就是伤害到了它，伤害它的人必然要面对它的怒火。同样的道理，人也是有“逆鳞”的，很多时候一旦我们在提问时触及了对方不愿意被触及的地方，那后果可能是非常严重的。就像在战场上士兵会避开雷区一样，我们在提问的时候，也要学会避开那些“雷区”。

一家地产楼盘的接待处来了一对年轻人。销售员小黄十分热情地接待了他们，带着他们看了几套样板间。从交谈中，小黄了解到，这两位年轻人都不是本地人，现在在这边工作，于是他就问男方：“你们买房一定是当婚房住的吧？什么时候结婚啊？打算什么时候要小孩？会不会把自己的父母接来这边一起住呢？”

这一连串的问话顿时让男方有些尴尬，他偷偷瞄了一眼身边的女朋友，没有回答。女方停了好一会儿才说：“还没有考虑那么远，有自己的小窝再说吧。”

小黄还不死心，又接着问道：“这怎么能不考虑呢？家里父母年纪大了，没人照顾，将来肯定是要把老人接过来的呀，咱们买房的时候肯定也要考虑这个因素的，房子太小不合适，我建议你们买一套一百平方米左右的小三居，有备无患。”

男方的脸色这时候已经不太好看了，女方扭头看了小黄一眼，淡淡地说了句：“这样算起来，加上孩子，也只够两家人住，我们两边都有父母，怎么办呢？”

小黄这才意识到：自己提的这个话题原来是个“雷区”啊，简直是越聊越尴尬……就在小黄无所适从、拼命想化解时，这对年轻人头也不回地离开了。

日常生活中，在你打算问对方问题的时候，最好先想清楚，有没有涉及对方的敏感之处或者隐私的问题，就是不该问的问题和不该碰的“雷区”。你最好能够规避这些问题，这样既不容易引起尴尬，也会让对方很乐意接受你。

比如一些常识性的提问“雷区”：在对女性进行提问时，年龄、体重、其他女孩的漂亮程度等都是要避免的。

除了常识性的提问雷区，还有一些比较私人化的问题也要根据具体情况去对待。每个人都有不愿意他人触及的缺点、隐私或者一些尴尬事，如果你在聊天的过程中不合时宜地提起一些对方不愿意触及的问题，那么结果必然会很尴尬。

有位作家说过：“身体上的伤口，很快便能痊愈，但是失言所带来的伤害后果，却足以让人记恨一辈子。”每个人都有自尊心和虚荣感，没人能够轻易忘记别人对自己的伤害，即使那人不是有意的。

因此，我们在向别人提问之前，不妨先换位思考，把自己当作对方来提问一下，将心比心，如果觉得问题过于尖锐，那么很显然自己触碰到了提问的雷区，最好考虑换个问题，以避开尴尬和不必要的麻烦。

封闭式提问确认事实

提问是获取信息的一种有效方式。但很多时候，回答问题的人未必愿意给出明确的答案。这种时候，为了避免对方的回答避重就轻，如何提问就显得至关重要了。比如当我们需要通过提问来确认某些事实，或者得出某些具体的答案时，封闭式提问无疑是最好的选择。将答案限制在某个范围内，这样可以避免对方在回答时有过多的“发挥空间”，从而帮助我们更好地找到答案，确认信息。

小丽是一家公司的新员工，刚刚入职的她对工作满怀热情，希望能够在新环境里提升自己，并为公司做出贡献。但是初来乍到的她并不是很熟悉公司的情况，她在吃饭间隙向自己的搭档芳芳请教：“芳姐，我需要怎样做才能得到提升啊？”

没想到芳芳冷冷地回了她一句：“你按领导的要求去完成

任务就可以了！”

很显然，芳芳虽然回答了，但是回答的内容却没有任何“营养”。也就是说，她给出的答案看似正确无比，却没有任何实际的作用和意义。就好像是问：“他是谁？”答：“他是一个人。”这样的问答虽然有答案，但纯属废话，毫无价值。

芳芳之所以选择用这样的回答来搪塞同事，原因大家心知肚明，那就是怕担责任。如果自己提供了具体的建议，小丽照着去做了，一旦有什么不好的后果，引来埋怨是小事，被领导批评就得不偿失了。

像芳芳这样的人，我们在生活和工作中是经常会遇到的。他们虽然有能力提供帮助，却不愿意轻易分享自己的建议。这并非他们自私自利，只不过是过于谨慎罢了。除此之外，我们还会遇到那些骨子里抗拒回答问题的人，因为性格或者其他种种原因，我们很难用提问的方式让他们开口，在聊天的时候也很难打开局面。

因此，我们应该掌握一种更好的提问方法，来“撬开”这些人的嘴，打开他们的话匣子，这种方法就是“封闭式提问”。那么什么是封闭式提问呢？我们不妨用小丽和芳芳的例子来加以说明：

小丽如果想要从芳芳的嘴里得到有意义的回答，可以把问题从“我需要怎样做才能得到提升？”换成“我按领导要求完成目标之后，如何才能进一步得到提升？”

如此一来，芳芳就不能用“按领导要求去完成任务”这样的回答来搪塞了。这个问题迫使她要更具体地回复小丽，而小丽也可以从中获得自己想要的回答。

这种“将对方的无营养答案包含在你的问题中”的方法，就是封闭式提问法的一种，属于“半封闭提问法”。通常这种方法适用于向他人请教意见、征求他人看法的场合。

而另外一种“全封闭提问法”，则适用于想更进一步得到答案的场合。比如小丽问芳芳：“我按领导要求完成我们的目标之后，是要进一步超额完成任务呢，还是要把之前完成的任务再进行精细化？哪种做法可以让我得到进一步提升？”

这样一来，对方就必须在限定的两个或者多个答案中做出选择，这样就更加没办法用一些废话搪塞过去了。其实这种封闭式提问的技巧在生活中也非常常见，比如销售员经常会问你：“请问您是要买这款休闲鞋还是另一款慢跑鞋呢？”这样提问的巧妙之处在于，它会给被提问者一个心理暗示，就是必须在其中做出一个选择。

因此，掌握封闭式提问的技巧，有助于我们在谈话过程中掌控节奏和走向。这是大家必须掌握的。

站在对方的角度去提问

有一句英国谚语是这样说的："要想知道别人的鞋子合不合脚，穿上别人的鞋子走一走就知道了。"这其实就是在告诉我们，想要真正了解别人，就要懂得站在别人的角度去思考问题，而不是自己一个人想当然地揣测。只有学会从对方的角度出发，站在对方的立场上去思索，我们才能投其所好，明白对方内心深处的情感需求，然后以这种情感需求为切入点，进一步扩展，进行提问，直到能够以感情打动对方。这就是我们常常说的"动之以情"。

周末，老张一个人出门逛街，想着自己用了两年多的手机电池耗电越来越快，于是就来到一家手机卖场，想看看有什么实惠好用的手机。

一进卖场，一个小伙子就迎了上来，热情地给老张介绍各种款式的新产品。老张听着各种各样的参数感觉有点儿蒙，他其实只关心价格和看上去是否顺眼罢了，而且并非一定要今天就买。于是他晃了一下自己的手机，表示自己的手机其实还能用，就是电池不行了，今天过来就是随便看看。

没想到这个销售员执着地“开辟”了另一个话题：“您这款手机是三年前的产品了吧？现在早就落伍了，您看这屏幕分辨率，还有样式，现在的很多热门应用您都用不了了吧？您真该换一个新手机了！”

小伙子略显夸张的反应引起了旁边几位买手机的客户的注意，他们纷纷投来异样的目光，盯着老张手里的手机看。老张顿时浑身都不自在了，觉得面子上有些挂不住，又不好意思发作，爱理不理地回应了小伙子几句，就准备离开。

这时，旁边的女销售主管示意销售小伙子离开，她自己走过来对老张道歉说：“大叔您别介意，您这个手机其实质量非常好，我爸爸用的也是这款，两年多了质量还好得很，我想给他换新手机都没有机会呢！”

老张觉得这姑娘说话中听多了，于是停下了脚步。这位销售主管接着跟老张聊了起来。

“您这款手机平时使用起来都有哪些问题呢？”

“接打电话倒是没啥问题，就是电池不行，看一会儿新闻，就提示电量不足，一天得充好多回电。”老张回答。

“哦，那确实有些不方便，”销售主管说道，“而且电量不足的话，是不是在使用一些应用时经常被打断？”

“可不是嘛，有时候正看着新闻呢，突然就没电了，烦人得很！”老张忙不迭地附和。

“那您倒不如不给旧手机换电池了，干脆直接加点钱买一部中端配置的新手机，这样各方面的体验都会好很多。您每天不用为手机突然没电生气了，这对身体也是一件好事呢！您觉得我这个建议怎么样？”

老张觉得这姑娘说话很实在，也确实为自己着想了，加上推荐的手机也并不是很贵，于是当即买了下来。

据科学家研究，80%的人在思维、行动等方面彼此截然不同。也就是说当我们在提问时，站在我们面前的这个人很有可能在诸多方面与我们存在很大的差异。因此，我们需要站在别人的角度来思考问题，只有理解他们，提出“动之以情”的问题，才能达到较好的提问效果。

一开始那个销售小伙子，正是因为没有明白这个道理，错误地把自己放在了老张的对立面，无论是分析手机需求，还是推荐手机型号，都一直站在老张的对立面说话，妄图通过贬低老张手里的手机来达到自己的目的。这样的做法是非常不妥的，站在这样的立场上提问，不会得到任何有助于销售的信息，只会引起对方的反感。

反观女销售主管的询问过程，可以说从一开始的“我爸爸用的也是这款手机”，就成功拉近了与老张的距离，为进一步的沟通打下了基础。接下来的几次提问，也都是站在老张的角度去分析旧手机带来的不便，以及更换新手机的客观与主观需求，最后通过这几次简单的询问，获取到了自己需要的信息，也达到了自己的预期目的，可以说这是一次非常成功的“动之以情”式的销售对话。

很多时候，在我们向对方提问时，一定要学会站在对方的立场上想问题。这样既可以避免提问时让对方感到不适和尴尬，又有助于拉近与对方的心理距离，可以让谈话的气氛变得更加融洽和谐，何乐而不为呢？

用“明知故问”打开局面

心理学家认为，如果我们在谈话时谈论对方觉得自己能成功的事情，就能满足对方的自尊需求，这符合马斯洛提出的人的五大需求中的尊重需求。尊重需求既包括个人对事业成就的感受，也包括来自他人的认可与尊重。

在日常生活中，当我们想在聊天的时候打开局面，和对方拉近关系，让对方更快地从心理上接受我们时，不妨试着和对方聊一聊能够令他扬眉吐气的话题，以此来打开聊天的局面。

比如说，当你看到对方戴的手表很不错时，可以问他：“你的手表看起来不错，一定很贵吧？”人都有虚荣心，你这么一问，他自然会觉得很高兴。再比如：“听说最近你出了本新书，一定很畅销吧？”“相册里的小孩是你的孩子吗？真可爱！”“相册中的女士好美，想来一定是尊夫人吧？”这些问题的答案可能都是你知道的，但即便是你明知故问，对方也不会觉得厌烦，反倒会很高兴。因为这些问题恰恰是对方最愿意回答，也最感到骄傲的，不管提及多少遍，都会让对方觉得心花怒放，自豪不已。对方甚至还会觉得你很关心他，从而对你产生好感。相信他会很愿意接着你的话题继续讲下去，心情也一定会有很大的改变。

这种“明知故问”的提问方法，就是明明知道答案也要去问对方。只要能使对方高兴，你可以先问他一些无关紧要的事情，然后当他的心情变好时再问你真正想要问的问题。问对方得意的事情，问对方想让大家都知道的事情——他可以借着你的提问将他最想告诉大家却又不方便主动提起的事情说给大家听。

小王大学毕业后，与同学一起创办了一家互联网公司，但经历了初期的发展之后，公司的业务陷入停滞，甚至到了入不敷出的地步。经过商议，他跟合伙人一致认为，如果公司无法顺利融资，肯定是无法渡过难关的，于是经过一番调查和准备，他们将目光投向了投资人雷总。

经过一番运作，小王终于找到了曾经的合作伙伴作为中间人，寻求到一次与雷总面谈的机会。但是因为雷总业务繁忙，秘书告知小王，他只有20分钟的时间来介绍自己的项目和说服雷总。时间紧迫，大家都觉得很难在20分钟之内介绍完公司的业务和发展前景，而小王却并不十分担忧，他心里已经有了一个笃定的计划。

见到雷总之后，小王并没有开门见山——一上来就提出自己的项目，而是开始了提问模式：“雷总您好，我知道您刚开始创业时，公司只是一个不足十平方米的办公室，手下也只有两个员工，我想问下，您是如何取得今天的成就的？”

小王的这个提问让雷总感到意外之余，也让他想起了自己刚创业的那段时光，那段时间的艰难历历在目。于是，雷总开始讲述自己的创业历程，讲述了公司面临的几次生死关，如公司曾经面临资金短缺、银行不肯贷款的情况。讲到得意处，他甚至会眉飞色舞。看来，他完全把小王当成了一个可以信任的伙伴。

其实，雷总成功的过程，几乎已经被所有的媒体报道了个遍，大家都知道了。但是小王知道，成功人士往往喜欢回忆自己的奋斗史，尤其是奋斗过程中最艰难的那段。他利用了这点，走了一步险棋，把这宝贵的20分钟会面时间交给了雷总自己，用一个明知故问的问题打开了对方的话匣子。

20分钟很快就过去了，秘书进来提醒说后面还有其他要见的预约者，雷总说：“让那些人回去吧，这一轮的投资我已经找到了最好的合作者。”

说起来，小王的公司其实是家小公司，其他几家前来寻求合作的公司都比他的公司要大，也更有实力，那么，为什么雷总把投资的机会给了小王呢？

其实就是因为小王用到了明知故问的提问技巧，抓住了提问的切入点，那就是谈论雷总最喜欢讲的奋斗史。在这个过程中，雷总的自尊心得到了极大的满足，因而，他决定跟小王合作。

其实，这种明知故问的提问也是一种不露痕迹的恭维。没有人不喜欢被恭维，因为恭维能给人们带来一种尊重感和满足感。小王用提问的方式让雷总回忆起自己最得意的事情，从而拉近了两人之间的距离，最终促成了这次融资。

每个人都非常重视自己，也希望别人能重视自己，而能够给予他人被重视感觉的，莫过于让他们谈论自己得意的事情。因为某些成功的经历至少彰显了他在某些方面的才能，而这些才能是他希望人们知道的。那么作为提问者的我们，一定要学会抓住这些重点，明知故问，让对方主动把这些成功经历或者得意之事讲出来，从而让对方获得满足感，以便更快打开沟通局面。

做功课要在提问之前

在一场谈话中，我们所拥有的提问时间和提问次数都是有限的，想要在这有限的时间里，尽可能多地收集到对我们有用的信息，就需要我们把握住每一个提问的机会，争取让每一个问题都有价值、有意义。而要做到这一点，我们就必须在提问之前对对方有足够的了解，这样才能把每一个问题都问到点子上。

所以，想要完成一场成功的谈话，关键的环节并非谈话本身，而是在谈话开始之前。同样，想要提出好问题，关键还在于做好提问之前的功课。

2006年世界杯，德国队和阿根廷队在1/4决赛中相遇。德国队在经历了120分钟的残酷角逐后与阿根廷队战成平手，双方进入点球大战。

此时，德国队门将教练科普克把一张神秘的纸条送到门将莱曼手上，当时，谁也没有注意这个细节。

在点球大战中，莱曼超常发挥，接连扑出阿根廷两粒点球。最终，德国队4:2获胜。

赛后，人们把赞美都献给了莱曼的“金手指”，但实际上，点球大战真正的英雄却是德国队的情报员以及球队的专家团。他们认真收集了关于对手的每一场比赛录像，主力球员的跑动路线，经常分球给谁，罚任意球、角球和手抛球的方式，传中球的特点，等等。甚至对手主力球员的家庭婚姻背景，都在他们调查的范围之内。通过分析研究对手主力球员的特点和数据，大大提高了门将莱曼扑救点球的成功率。

之所以提到这个例子，是因为就像点球大战一样，在很多场合，提问都是相当重要和谨慎的，甚至没有修正的机会和可能性。比如重要的商务谈判、外交谈判等场合，都需要像德国队一样事先做好充分的准备。我们想要每一次提问都能做到有的放矢，就需要事先做大量的准备工作。

以商务谈判为例，整个谈判的过程其实就是互相提问和回答的过程。谈判者在对自身情况全面分析的同时，也必须设法全面了解谈判对手的情况，包括对手的实力，信用状况，对手所在国（地区）的政策、法规、商务习俗、风土人情，等等，从而确定提问的内容和方向。

在谈判前的具体准备工作中，要对对方的情况进行充分调查了解，分析他们的强弱项，从而去确定什么问题是重要的，什么问题是次要的，哪些问题是可以问的，哪些问题是没有商量余地的。同时也要分析自身的情况，什么样的问题用什么样的人选去提出来，再由什么样的人选去应对，等等。

假设我们要与一位大公司的采购经理谈判，在谈判之前的准备过程中，我们首先要问自己：谈判的主要问题是什么？应该先谈什么？我们了解对方哪些问题？有哪些敏感的问题不能去碰？对方可能会反对哪些问题？以前与对方的业务中有哪些经验教训需要注意？我们在这次谈判中有哪些优势？在哪些方面我们可以让步？他们的谈判战略会是怎样的？

事实上，谈判之前要准备的问题远远不止上面这些。我们必须列出一份问题清单，把要问的问题都提前准备好，做足功课，如此才能在谈判的过程中掌握主动，提出更加精准的问题。只有目的明确的人，才会用心去做。做好事前准备，方能做到心中有数。

另外，也要注意问题的难易度，问题的难度不可以过高，以免对方无法回答；也不可以过低，以免对方回答时敷衍了事，让自己无法获取到有用的信息。而要实现这些目的，都需要我们在提问之前做足功课。

第三章

玩转幽默：

说话妙趣横生，更容易打动人心

善用幽默，大事化小，小事化了

与人沟通的时候，我们难免会因为言语不当激怒别人，导致双方针锋相对地争执和冲突。但是，事后仔细想一想，这些争执和冲突完全是可以避免的。只要一方稍微做出让步，或是缓解一下紧张的氛围，就可以大事化小，小事化了。

想要化解争执和冲突，首先要做到的是控制好自己的情绪，把握好自己的说话方式。但是，很多时候，对方还在气头上，想要对方消除火气是不太容易的事情。这个时候，幽默的语言就是最佳的选择。如果我们让自己的舌头变得灵活一些，把说出的话变得诙谐一些，就可以让对方笑着“熄火”。

可以说，幽默的语言真的具有一股神奇的力量，可以有效地减少人们之间的摩擦和冲突，消灭对方的怒火。很多时候，双方明明已经剑拔弩张了，冲突一触即发，可是一旦一方说出了诙谐有趣的话语，这火气就会瞬间消失。

在日常生活中，用幽默的语言化解冲突的例子比比皆是。

早高峰的公交车上，挤满了急于上班的人。再加上天气炎热，所以每个人的内心都非常烦躁。

突然一个急刹车，一个年轻的男士踩了一个漂亮的女孩一脚。这个女孩“哎哟”一声，没好气地说：“注意一点儿，你踩到我了！”

看着这个女孩烦躁的神情，年轻的男士立即道歉：“实在不好意思！都怪我，因为车子急刹车，所以我没有站稳。真是对不起啊！”

年轻男士的道歉并没有让女孩消火。她继续抱怨道：“这么大的空间，你竟然踩到了我。我这皮鞋是新买的，现在都被你踩得变形了。你没有长眼睛啊？”

听了这话，年轻男士也发火了。他说道：“你怎么这么说话呢？我不是道歉了吗？你怎么还骂人呢？要不你也踩我一脚！”

女孩依旧黑着脸，不依不饶地说：“你踩别人还有理了？你这人真是太不讲道理了！”

大家怕两人会越吵越激烈，便纷纷劝说：“都冷静一下，两人都退让一步。”这时，年轻男士也意识到自己的态度不对，随即笑着说道：“你看，我本来就不占理，拿什么和你讲理呢？所以，还请你大人大量，原谅我的过失吧！”

女孩一听，“扑哧”笑了出来，心中的怒气也随之消失了。随后，她也发觉自己态度不好，便说：“对不起，我也有不对的地方。明知道是突然刹车的原因，却一直揪着你不放！”就这样，一场矛盾就被幽默的语言轻松化解了。

有人曾这样说过：“在争论这件事情里，没有任何人能成为赢家。争论输了，当然你就输了；但若是争论赢了，其实你还是输了。”这话非常正确。在争执的过程中，即便是口舌占了上风，又能给我们带来什么好处呢？或许还会激化矛盾，甚至导致大打出手。

所以，当你与人发生冲突时，幽默的语言是最好的利器。它可以让道歉变得更有效，让生气的人哑然失笑，从而缓解剑拔弩张的气氛。

幽默是最好的“灭火器”，更是人际关系的“润滑剂”。当我们惹怒别人，或是做出不适当的行为时，它就如同灭火器一样，可以降低别人的火气，把冲突大事化小，小事化了。同时，如果你是一个幽默的人，善于运用幽默的语言来化解人际矛盾、冲突，那么你的言谈举止就能够吸引更多的人，从而为自己的高效沟通铺平道路。

别怕自嘲，做一个幽默的人

时下，很多人都喜欢自嘲，拿自己的缺点或是不足来开玩笑，比如在微信朋友圈晒自己做的“黑暗料理”，或是说自己是笨笨的、懒懒的“猪猪女孩”。而实际上，这些自嘲的行为，不仅没有招来别人的反感，反而赢得了很多人的喜欢，让这些喜欢自嘲的人成了备受欢迎的宠儿。

自嘲的形式无非两种：一是嘲笑自己的短处和不足，一是嘲笑自己的失误。也就是说，人们不再遮掩自己做过的傻事，而是运用夸张、开玩笑的方式巧妙地说出来。与其说这是在博别人一笑，不如说是安慰自己，鼓励自己勇敢地面对自己、改变自己。

其实，自嘲是一种幽默，也是一种智慧。它表面上是贬低自己，实际上是一种为自己解围的聪明的做法，可以保护自己。尤其是遇到尴尬的事情时，这种自嘲的方式要比直接辩驳更加有智慧。它不仅可以缓解尴尬的气氛，避免让自己出丑，还可以让别人见识到自己的宽容和幽默，从而赢得别人的尊重。

更为重要的是，自嘲要比夸耀自己、往自己脸上贴金更能让人产生好感，也更受人欢迎。

很多成功的人都喜欢自嘲，用幽默的方式来调侃自己。当代著名作家、散文家、诗人林清玄就是一个幽默风趣的人，也是一个善于自嘲的人。

林清玄的文字优美清丽，可是他的长相却很一般，时常有人说他长得其貌不扬，但是他丝毫不在意，还时常拿自己的相貌开玩笑："有人说我长得像电影里的火云邪神。今天我就站出来，让大家来看看，我到底像不像火云邪神？"这样幽默的话语，总是能赢得人们热烈的掌声，并且让人们对他产生更多的好感。

这就是高情商者的自嘲，聪明者的幽默。林清玄的一番自嘲不仅赢得了人们的喜欢，更凸显了他的心胸、气度，让人肃然起敬。

我国近现代著名画家张大千也是非常懂得自嘲艺术的人，曾多次凭借着幽默的语言，化解了尴尬的气氛。

一次，张大千从上海返回老家四川，一些好朋友为他饯行，京剧大师梅兰芳也被邀请作陪。宴会开始后，大家安排座次，并且纷纷让张大千坐首座。这时，张大千却笑着说："首座应该是梅先生的，因为他是君子，我是小人，我应该坐末座才是。"

看大家面面相觑，张大千立即解释说："中国有句俗话'君子动口，小人动手'。梅先生是唱戏的，动口；而我是画画的，是动手。所以，我们理应请梅先生坐首座。"

张大千一席话毕，满堂宾客为之大笑，最后安排张大千和梅兰芳并排坐了首座。张大千说自己是"小人"，看起来是自嘲，其实是表达对梅兰芳的尊敬。他的这番话既体现了他的幽默，又反映了其胸怀和气度。

事实上，在与人沟通的时候，最容易博得他人好感的，并不是那些喜欢夸夸其谈，往自己脸上贴金的人，而是那些坦然地接受自己的缺点和不足，敢于拿自己开玩笑的人。因为当你拥有自嘲的胸襟时，别人的眼光和评价就变得无足轻重了。你以幽默的方式自嘲的同时有意识地抬高了别人，别人的心里就舒服很多，从而更愿意和你交往了。

所以，不妨自嘲一下，掌握了这门技巧，你会发现自己变得更受欢迎。

高端幽默就是让所有人都觉得有趣

在与人沟通的过程中，适当地幽默一下，可以活跃紧张的气氛，拉近彼此之间的距离。可是，幽默也是有讲究的。你开玩笑，就应该让双方都笑出来，让彼此都感觉轻松。如果只有你自己觉得好笑，对方却感到尴尬或是不舒服，那么你的话语就不是高级的幽默，顶多只能算是低级的幽默，是愚蠢的人的自娱自乐。

可是，生活中还是经常有人把一些低级的玩笑，或是拿别人开涮当成幽默。这些人完全不顾及别人的感受，以开玩笑为借口，借机对他人冷嘲热讽。结果，他们说出来的话不仅无法让别人发笑，反而招来了别人的反感，让气氛变得越来越尴尬。

李琳和萧萧是公司的同事，也是很不错的朋友，还合租了住处。平时两人的关系非常好，经常一起上下班，一起逛街、游玩。

一次，公司组织员工到海边游玩，每个人都非常兴奋，说要痛痛快快地游泳。正当大家谈论海边漫步、看日出、游泳的时候，李琳突然笑着说："萧萧有一个秘密，你们肯定不知道。"

李琳平时就特别幽默，喜欢说一些段子，开一些同事的玩笑。于是，大家都知道她这是要开始活跃气氛了，便都纷纷要她爆料。萧萧觉得李琳肯定会开玩笑说自己身材有些胖、大腿比较粗之类的，便笑着说："什么秘密？你小心说话，不然别怪我不客气。"

谁知李琳竟然说："萧萧的后背上有一块胎记，形状像一只青蛙。等她换上了泳衣后，可就藏不住了。"

萧萧是一个女孩子，又是在这么多同事面前，顿时感觉颜面全无。她立即红着脸说："你怎么能暴露我的隐私？！"

可李琳却没有意识到自己的话过分了，继续笑着说："你不用遮掩了，我们住在一起，我早就发现了。一块胎记而已，让大家看看它到底像不像青蛙，不是很有意思吗？"

话音刚落，大家都哈哈大笑起来。可是，萧萧却一点都笑不出来，脸色铁青地坐在那里。事后不久，萧萧不仅搬离了和李琳合租的地方，还从公司辞职了。

显然，故事中的李琳是不懂幽默的。她只顾自己开玩笑，却没有顾及萧萧的面子和自尊心，以至于让萧萧觉得受到了伤害和侮辱，也因此失去了这段珍贵的友谊。真正懂得幽默的人绝不会像李琳这样，因为他们知道：只顾自己开心却不顾及别人的感受，只是低级的玩笑，根本算不上什么幽默。

李琳没有把握好幽默的尺度，所以不仅无法达到活跃气氛的效果，反而还让一段原本友好的关系破裂，甚至让对方心生怨恨。

而真正高级的幽默是具有智慧的。它是一种高层次的语言艺术和思维智慧，是以轻松愉快的形式、诙谐幽默的语言来活跃气氛，取悦自己和别人。更重要的是，真正幽默的人是具有高尚的人格魅力的。他们绝不会为了取悦自己而拿别人的缺点开玩笑，更不会借用幽默的名义来嘲讽他人。

所以，如果我们想要成为高效的沟通者，就应该弄清楚幽默和低级玩笑之间的区别，不要为了取悦自己，做出伤害别人的事情。在与他人开玩笑的时候，我们要注意几点，以免不小心过界，把玩笑变成了讥讽或嘲笑。

1.玩笑应该是善意的。

善意的玩笑才能让人感到幽默，让人听了之后会心一笑。而那些恶意的玩笑，则是对他人的不尊重，更是没有修养和道德的体现。所以，我们在与他人开玩笑的时候，一定要心存善意，不能揭露他人的隐私，更不能诋毁他人。

2. 玩笑的内容应该高雅而轻松。

让人会心一笑的玩笑，其内容一定是健康积极、高雅而又轻松的。那种低级下流的玩笑，只会降低一个人的格调和档次，让人感到不舒服。所以，开玩笑的时候，我们一定要注意选择高雅的内容，避免成为一个庸俗、低级的人。

林语堂先生说，豁达的人生观，率真无伪的态度，加上炉火纯青的技巧，再以轻松愉快的方式表达出来，这便是幽默。

3. 把握好彼此的亲疏关系。

很多时候，有人分不清亲疏关系，时常对并不熟悉的人开玩笑，甚至是开尺度比较大的玩笑，结果对方不仅不觉得好笑，还被惹恼了。

事实上，玩笑的尺度通常是和交情的深浅成正比的。如果是你不熟悉的人，最好不要开玩笑。一旦尺度掌握不好，将会对彼此的沟通产生不良的影响。

4. 开玩笑也要分性别。

开玩笑也是分性别的，有时同性之间可以接受的玩笑，异性之间就很难接受。尤其是男性在和女性开玩笑的时候，如果掌握不好尺度，就容易造成误会，导致关系破裂。

用幽默巧解尴尬困局

幽默有时真的是一种智慧。只要你灵机一动，运用好这一有趣的语言技巧，不但可以化解尴尬的处境，而且可以让自己获得别人的喜欢。

在与人交往的过程中，我们常常会因为别人故意刁难，或是因为话赶话而陷入尴尬的处境。如果我们生硬地反驳对方，就可能陷入争吵，甚至破坏彼此之间的良好关系。可如果我们不予回应，就可能会让自己更加尴尬，丢了颜面和自尊。

这时候，幽默的语言无疑就是我们化解尴尬的灵丹妙药。它既可以让我们自己走出困境，又可以避免发生冲突。

庄严和王瑞是大学同学。庄严身材高大，非常帅气；王瑞就显得有些瘦弱了，个子也不太高。但是，毕业后，却是王瑞事业有成，还娶了个漂亮高挑的妻子。庄严有些不平衡：“他那么普通，凭什么还能爱情、事业双丰收？而我这么优秀，为什么却过着普通的生活？”

一次，很久不见的几位同学聚在一起吃饭聊天，庄严就想讽刺王瑞几句，让他难堪。他故意酸溜溜地说：“王瑞，你真是上辈子拯救了银河系啊！这么矮的个子，竟然娶了那么高的妻子，你们要是走在一起的话，回头率肯定是100%啊！”

同学们一听这话，都愣住了，气氛也变得非常尴尬。这时，王瑞却没有生气，反而微笑着说：“是啊，我就是上辈子拯救了银河系，才娶了这么美丽大方，身材又好的妻子。我真是太幸运了！不过，你没有听过一句话吗？浓缩的都是精华。别看我身材矮小，但是我是精华啊！所以，我才能实现事业和爱情双丰收的梦想啊！”

听了这话，同学们纷纷哈哈大笑起来，也附和道：“是啊！浓缩的都是精华，王瑞就是成功男人的典范啊！”一时间，尴尬的气氛一扫而光，同学们又开始天南海北地聊起来了。

其实，王瑞知道庄严是故意讽刺自己，想要让自己在同学们面前难堪。但是面对这样尴尬的处境，他并没有直接反驳，而是用幽默化解了自己的尴尬，同时避免了同学聚会不欢而散的场面出现。可以说，王瑞是一个情商很高的人，也是一个懂得幽默的人。

一个幽默的人，必定是一个宽容善良又反应灵敏的人。即便是陷入尴尬的困境，即便是面对别人不怀好意的挑衅，他也能够用妙趣横生的方式给予回应。

幽默不仅可以点亮一个人的生活，还可以让一个人赢得大家的喜欢。幽默不仅是高级的说话之道，也是一种与人沟通的智慧和素养，更是化解尴尬的绝佳利器。它不仅会让我们自己免于陷入尴尬之中，还可以避免别人尴尬。所以，当我们毫无预警地陷入尴尬境地的时候，应该善用幽默的语言，让它来化解自己的尴尬。

适当幽默，化敌为友

幽默是沟通成功的法宝，可以迅速拉近彼此的距离，更能在关键时刻帮助我们打破冷场，化敌为友。合理运用幽默的力量，我们就能通过成功的沟通，走上成功的道路。

在沟通与交流中，总会有意见不合的时候，在这样的时候，一个人如果不懂幽默，那么他必然会面临很多的尴尬和冲突。无论是在生活里还是在职场中，让自己变得更幽默一些，不仅能顺利地完成任务，还能让我们结交更多的知心朋友。要知道，在人与人之间的交往这场博弈中，富有幽默感的人总是能够略胜一筹。

小伟是一位保险推销员。有一次，他去拜访一位好不容易才约到的客户。一见到那位客户，他就走了过去，双手递上名片，热情地对他说道："您好，万分感谢您在百忙之中抽空见我，我给您简单讲一下我们公司的业务情况吧。”

没想到对方接过名片，很随意地扔在一旁，根本就没有仔细看。客户头也没有抬，眯着眼睛慢条斯理地说道：“上次来拜访我的保险推销员，好像也是你们公司的，他在我面前讲了足足一个小时，讲得口干舌燥，我拒绝了他。今天同意见你，只是想当面告诉你，我肯定不会买保险的，以后请你也不要再打电话给我了。”

小伟抬起头来，看到对方不屑一顾且十分傲慢的样子，他知道这次遇到不好说服的客户了，想签下这张单子，简直是机会渺茫，可是他又不甘心就此放弃。他看到客户的身材非常魁梧，跟自己比较矮的身材形成了鲜明对比，于是灵机一动，大大咧咧地说道：“是吗？我那位同事说了半天都没有打动您，我想一定是因为他形象不如我吧！”

原本都不正眼看他的客户听到这话，吃惊地抬起头盯着小伟说：“你说什么？上次那位仁兄形象可比你好多了，起码个头都比你高得多！”

“可是矮个子也是身材的一种呀，常言道：浓缩的都是精华。上次那位同行肯定没有给您讲出保险的好处和精华所在，我今天只需要他一半的时间，给您讲一个‘浓缩版本’的业务介绍，保证不浪费您的时间！”

客户被小伟不惜自黑的幽默逗乐了，笑着说道：“你这个人说话还挺逗，那你给我讲一下吧，我给你半个小时。”小伟随后真的只用了半个小时就说服客户给孩子买了一份保险。

面对客户故意为难自己的情况，小伟并没有退缩，而是以一种幽默诙谐的方式化解了尴尬，让客户刮目相看，从而也为自己推销保险做好了铺垫。如果小伟不懂得幽默，面对客户的拒绝，他更多的是感到失望，也许早就心灰意冷地退出去了。然而，正是小伟的机智，让他选择以幽默来化解尴尬，并成功引起了客户的兴趣，最终达到让客户买保险的目的。

有人说过这样一句话："严肃的问题，可以用轻松的方式来解决。"很多时候面对冲突和拒绝，我们可以选择用幽默的方式去化解。日常生活中，幽默能够使一个人豁达超脱；在人际交往中，幽默能使一个人更加平易近人，更加具有影响力，很多时候还能够帮我们打破僵局，摆脱困境。可以说，幽默是每一位成功人士必备的素质，也是人与人之间沟通交流的最好的润滑剂。

故事中的推销员小伟就是用幽默这把钥匙打开了客户那扇拒绝之门，因为那位客户从他的幽默中，读出了他的自信与睿智，知道这位推销员不仅是一位经验丰富、业务精湛的人，还是一位幽默有趣、可信可亲的朋友。因此，他转变了自己原本坚定拒绝的态度，给了小伟推销保险的机会，最终两人不但成了业务伙伴，也成了好朋友，而这靠的便是幽默的力量。

很多时候，对方可能会因为你的幽默而对你刮目相看，这样你沟通成功的机会就大大增加了。但一定要记住，幽默不是简单地说一些俏皮话，而是要以高雅为依托，讲究场合，注重对象，合情合理地释放你的幽默细胞。聪明的人会清楚，依靠幽默能使沟通变得更顺利、更富人情味。如果你希望在与他人的沟通中更加受欢迎，并且有所成就，那么你就应该学会运用幽默，同他人分享欢乐。

幽默，
增进友情的助推器

可以说，幽默是与人沟通的法宝，更是增进友情、顺畅沟通的助推器。所以，为了达到良好的沟通效果，不妨对朋友使用一些愉悦式或哲理性的幽默，或是一些自我解嘲式的幽默。这样一来，不仅可以让我们自己的生活变得多姿多彩，还可以让对方进入我们的幽默世界，从而建立良好的人际关系。

当然了，幽默和戏弄并不是一回事，两者之间有着明显的区别。实际上，戏弄也会让人发笑，但是大多时候只能让戏弄者一个人发笑，被戏弄者则很可能笑不出来，甚至还会恼羞成怒。但是幽默就不同了，幽默的语言往往是智慧和风趣的体现，会让朋友之间多些轻松和愉快，从而增进彼此之间的感情。

作家海涅和朋友梅厄都是非常幽默的人，他们时常会用一种幽默的方式与对方沟通。而这样的沟通方式也让他们友情更加深厚，并且增添了生活的乐趣。

一天，海涅正在写作，突然被一阵急促的敲门声打断，原来是朋友梅厄给他寄来了一个包裹。海涅因为思路被打断，内心有些不痛快，便不耐烦地打开了包裹。谁知，这包裹裹着一层又一层的纸，最里面却只有一张小小的纸条。纸条上面写着几句话：亲爱的海涅，我现在非常健康和快乐。同时，衷心地祝福你健康而又快活！你的朋友梅厄。

海涅知道朋友梅厄是在捉弄自己，顿时感觉又好气又好笑。生气的是，梅厄的这一包裹打断了自己的创作思路；而好笑的是，这写着短短几句话的纸条竟然被层层包裹起来。可是他又不禁被朋友的行为所感动。他知道，梅厄是因为担心自己沉迷写作太疲倦了，所以才耍了这个小把戏。此时，他深深地感到被朋友惦念和关心的幸福，于是决定也和朋友开一个小玩笑。

几天后，梅厄也收到了海涅邮寄过来的包裹。这个包裹非常重，以至于梅厄得找一个人帮忙才能把它抬回了家。梅厄非常纳闷，想着海涅究竟给自己寄了什么东西，竟然这么重。

最后，等到他打开包裹之后才发现，原来里面是一块大石头。石头上也只有一张纸条，上面写着：亲爱的梅厄，我收到了你写给我的信。知道你又健康又快活，我心里的大石头终于可以落地了。现在我把它寄给你，不仅表示我对你的爱和感谢，还表示我对你的思念。

看吧！海涅和梅厄运用幽默的方式和诙谐的语言，不仅表达了对好友的关心和问候，还加深了彼此的感情。

或许有人会说，那些善于运用幽默的人都是口才好、情商高的人，我们平常人怎么能灵活地运用幽默的语言呢？又怎么能保证给朋友带来欢乐，而不是惹怒朋友呢？

其实，只要我们善于发现生活中的小情趣，注意自己说话的方式，就可以学会用幽默的方式沟通。但首先我们应该知道，幽默是友善的，目的是促进与朋友之间的友情，而不是捉弄和嘲笑对方，否则就会伤害到彼此之间的感情。

同时，幽默虽然表现在语言的调侃上，但是体现了一个人的智慧和修养。我们千万不要不懂幽默却故作幽默，以至于说出了过分的话而不自知。尤其是异性朋友之间的沟通，千万不要涉及敏感问题，否则即便你的语言再诙谐，也达不到良好的效果。

面对紧急情况，幽默让你游刃有余

幽默是一种智慧，它的最高境界就是展现语言的智慧。我们知道，在人际交往中，它所起到的作用是不容小觑的。它不仅可以营造出一种轻松愉快的氛围，让人赢得别人的喜欢和尊敬，还可以缓解尴尬，调解人与人之间的冲突。

同时，幽默还是一种实用、有效的沟通技巧，能够让人在面对紧急情况时急中生智，化解自己所面临的困境，从而解决问题。生活中有很多情商高的人，他们往往就善用幽默的语言来应对紧急情况，做到游刃有余。

有这样两则小故事足以说明。

餐厅内，一位客人正在用餐，突然发现汤里有一只苍蝇。他立即叫来了服务员，高声地质问道："请问，我的汤里为什么出现了一只苍蝇？”

服务员知道，在这种情况下，不管自己怎么解释和道歉，都无法改变汤里有苍蝇的事实。如果自己过多解释，顾客反而会认为自己是在狡辩，更会引起顾客的怒火。于是，他决定运用幽默的语言来解决问题。只见他仔细地看了看，回答道：“先生，它正在您的汤里仰泳。不过显然您不喜欢它这样做，我会立即给您换一份。”

顿时，餐厅里的其他顾客都被逗笑了，这位顾客也被逗笑了，没有再追究下去。

饭菜中出现苍蝇，绝对是餐馆的错误。如果不能很好地解决这个问题，必将引起顾客的不满，甚至还会招来更多的麻烦。但是，服务员却用幽默的话语，轻松地解决了这个问题，避免了问题的扩大。

无独有偶，同样是在一家餐厅里，也出现了类似的情形。

一位刚刚点完菜的顾客一脸不满地叫来了服务员，他指着自己点的那只龙虾问道：“请你解释一下，为什么我的龙虾会少了虾螯？”

服务员显然被问愣了，因为他从来没有遇到过这样的情况。不过，他随即反应过来，满怀歉意地说道：“这位顾客，对于这件事情我们感到非常抱歉。不过，您知道，龙虾是一种非常凶残而又好斗的动物。这只龙虾可能在下锅前和其他龙虾争斗过，结果由于它战败了，所以被对方咬掉了一只螯。它当时肯定感觉非常痛苦。”

听了服务员的话，这位顾客立即笑了起来，脸上的怒气也消失不见了。他对服务员说：“既然如此，你为什么不给我拿战胜的那一只呢？请你帮我调换一下，我想要那只胜利的龙虾。”

服务员觉得顾客的怒气已经消了，便笑着说：“现在这只龙虾已经做熟了，请您尽快享用。这道菜您可以享受八折优惠。下次我一定给您那只胜利的龙虾。”听服务员这么一说，顾客没再说什么，赶紧动起了筷子。

这两个故事中的服务员都是聪明的人，面对顾客的质问与剑拔弩张的气氛，他们没有慌张，也没有着急为自己辩解，而是运用了幽默诙谐的语言，让气氛瞬间变得轻松活跃起来。正是因为气氛发生了改变，所以问题顺利解决了。

当然，这两位顾客也是具有幽默感的人，所以在服务员用幽默的语言进行调侃的时候，他们听懂了服务员的幽默，并且不再继续纠缠原本的问题。所以，矛盾和冲突才能被巧妙地化解。

可见，幽默真是一门智慧的艺术。不管是得体的玩笑，还是诙谐的调侃，都具有让人无法拒绝的魅力。它不仅可以拉近人与人之间的距离，还能够帮助我们缓解人际交往中出现的冲突，在取悦别人和自己的同时，帮助我们顺利地解决问题。

所以，当我们与别人发生小冲突，或是遇到紧急情况的时候，不妨幽默一下，这样，紧张的气氛便能消失得无影无踪了。只要我们善用幽默，掌握幽默的技巧，就可以在面对紧急情况时，游刃有余了。

说话是否幽默
会决定一个人的魅力

每个人都想成为一个有魅力的人，但魅力来自哪里呢？可能源自得体的服饰、亲切的笑容、儒雅的个性……还有，如果能同时多一点幽默，就更能彰显魅力了。

幽默的人是豁达乐观的。现代人面临着家庭、事业的双重压力，极容易陷入一种压抑的状态中。而具备幽默能力的人则能借助幽默的语言，合理、适度地调整自己的心情，既没有“储存快乐、过时作废”的担忧，也没有“怨艾郁积、累累成愁”的隐患。幽默的人身上时刻彰显着一种豁达的气度、乐观的风采。在幽默的影响下，他们的魅力变得清晰起来，有了生动的韵味。

幽默的人是自信迷人的。自信是最有魅力的表情，而幽默恰恰展示了一个人的自信。那些拿自己的缺点劣势自嘲的人，看似是自己看不起自己，实则是自信乐观，不畏惧自己的缺陷被人评说。那些在困境中犹能谈笑风生的人，无疑是开朗豁达的，必定会受人喜爱。

幽默的人是热爱生活，积极向上的。幽默是一种健康的品质，更是一种生活的情趣。所以，我们能从幽默的人身上感受到他对生活的热情。在快节奏的现代社会中，生活的压力无处不在，没有谁愿意看到一副死气沉沉的面孔。如果我们面对的是一个幽默的人，那我们的疲惫就会得到缓解，心情畅快起来。

幽默的人是聪慧机敏的，因为幽默是一种随机应变的能力。具有幽默能力的人，能够用幽默化解尴尬，缓和矛盾，令人称奇、叫绝。

在广州开办的一场文艺晚会上，某知名主持人上场时不小心踩空，滚落到台下。意外一出，满座哗然，一些观众甚至还喝起了倒彩。这位主持人意外摔倒带给观众的滑稽感觉破坏了晚会的演出气氛，也有损她的公众形象。

然而，她镇定自若，重新上台，笑着说："真是人有失足，马有失蹄啊，我刚才的'狮子滚绣球'还不够熟练吧？看来这次演出的台阶不那么好下啊，但台上的节目会很精彩。不信你们瞧他们……"

这位主持人出丑后，并没有刻意回避尴尬，而是利用风趣、机智、幽默的话语巧妙地摆脱了困境。紧接着一句“狮子滚绣球”的幽默自嘲，化解了观众不友善行为引发的尴尬。最后，她利用台下和台上的关联，顺势引出精彩节目，把观众的注意力转移到节目中来。她的幽默应变，不得不让我们叫绝。

幽默是让我们增添魅力的要诀，但幽默不是一件容易的事情，需要我们好好学习。

我们要弄清什么是幽默，领会幽默的内涵。要知道，幽默不是油腔滑调，不是嘲讽，不是插科打诨，而是思想、学识、品质、智慧和机敏在语言中的运用。正如作家王蒙所说：“从容才能幽默。平等待人才能幽默。超脱才能幽默。游刃有余才能幽默。聪明透彻才能幽默。就是说，浮躁难以幽默。装腔作势难以幽默。钻牛角尖难以幽默。捉襟见肘难以幽默。迟钝笨拙难以幽默。”

实质上，幽默是一种宽容的精神表现，所以要做到真正的幽默，应该抛弃那种事事斤斤计较的做法，用乐观、豁达的心态看待事情，尤其在逆境中更要从容乐观。

我们要扩大知识面。幽默是以丰富的知识为基础的，有了广博的知识，才能自由联想，妙言成趣。因此，我们要不断地充实自我，增长见闻。多读、多看、多听、多学。同时，我们还要提高观察事物的能力。一个人若能迅速敏捷地捕捉事物的本质，就能用诙谐的语言，令人们产生轻松的感觉。

第四章

不吝赞美：

赞美恰到好处，谁听了心里都舒服

赞美的话要说到点子上

可以说每个人心中都有一扇虚掩的“荣誉之门”，都渴望被“肯定之手”推开，这是渴望得到尊重和肯定的人性使然。但是在生活中，很少有人能够准确把握对方内心“荣誉之门”的钥匙。很多时候，自己费尽口舌赞美了半天，对方却无动于衷，甚至起到反作用，这是相当令人沮丧的。

明太祖朱元璋登基后不久，有一天，他突发雅兴，想要在大殿的墙壁上绘制巨幅《天下江山图》来彰显自己的伟业和功劳。于是，他召来宫廷画师周玄素，将这个艰巨的任务交给了他。

周玄素是个聪明人，他首先想到的是：偌大的江山，仅凭一幅画怎么表现得了呢？假如自己画出来的作品稍有不合皇上心意之处，恐怕肩膀上这颗脑袋就得搬家了。于是，他立马跪下谢罪说："微臣才疏学浅，又未曾走遍天下九州，实不敢动笔。臣斗胆恳请陛下启动御笔，勾勒本图规模，画成之后，臣加以润色便可。"

朱元璋一听，这江山都是自己打下来的，要论走遍天下，还真得靠自己。他当即便提起御笔，"唰唰"几下，按照自己脑子里的图景，在墙上画出了一幅《天下江山图》的大致轮廓。随后，他便对周玄素说："画完了，你来润色吧！"

要知道，戎马出身的朱元璋哪有什么美术功底，这幅草图在周玄素这种专业人士看来，自然是有些"不堪入目"了。但周玄素看了看草图，眨了眨眼睛，"扑通"一声又跪下了："陛下江山已定，岂可再有改动？"

这一语双关的话，让朱元璋听了大为开心。他重赏了周玄素，画画的事就此作罢了。

很显然，周玄素的话里是有玄机的。其表面的意思是陛下画中的江山已确定，自己不能再有改动；而更深一层的意思是陛下的政权已经非常牢固，是谁都无法动摇的了。朱元璋是绝顶聪明的人，自然明白话里的意思。这样一来，周玄素既摆脱了作画的困扰，又巧妙地夸赞了朱元璋，不但没有被怪罪，还受到了重赏，可以说是一箭双雕。

周玄素之所以说朱元璋的江山已定，自己不敢再改动，是因为他知道皇帝最在乎的就是自己的江山稳不稳。稳固的江山是国家的基石，周玄素知道这一点，所以他巧妙地借朱元璋的画暗示了大明的江山稳固。而且这话里的深层含义迎合了朱元璋的心理，说得他心花怒放，简直是说到了他的心坎里去了。

所以说，赞美不在于多而在于精，把赞美的话说到点子上，这样一句话就能发挥很大的效力。相反，如果赞美的话说不到点子上，没有说到被赞美人的心里，那说得再多也没有什么用处，甚至会适得其反。

著名作家毕淑敏讲过这样一个故事：

一位女士出国做学术访问，周末的时候受邀去了当地一位教授家做客。

教授有个5岁的女儿，满头金发，长得十分漂亮。女士一见到小姑娘就特别喜欢，蹲下身子和她说话，并送了她一件从中国带来的礼物。小姑娘非常开心，礼貌地向女士道谢，女士情不自禁地摸了摸小姑娘的头，并赞叹道："你长得真是漂亮极了，大家一定都非常喜欢你吧！"

等小姑娘离开之后，那位教授突然严肃地对女士说："你刚才伤害了我的女儿，我希望你能向她道歉。"

听到这话，女士感到莫名其妙，她不仅给小姑娘送了礼物，还真诚地赞美了她，怎么就成了伤害？

见女士不明白，教授解释道："你刚才夸奖我女儿漂亮，还说大家会因此而喜欢她，这是非常不对的。漂亮并非一种优势，可你的夸赞和恭维会让她以为，漂亮是她的优势，甚至可能会让她开始瞧不起那些长得不漂亮的孩子。而且，你在没有得到她允许的情况下擅自摸了她的头，这会让她以为，每一个陌生人都可以不经过同意就擅自触碰她，这是一种不良引导。”

教授一条条的分析让女士深感震惊，她可从没想过，一句赞美可以引出这么多问题来。教授顿了顿，又接着说道：“其实，你可以夸奖她的微笑和礼貌，这确实是她自己通过努力得来的。”

对这位女士来说，摸摸孩子的头，夸奖她长得漂亮可爱，或许只是一种简单的交际手段，或者说是一种约定俗成的礼貌；但对于教授来说则不然，他更关注夸奖和赞美背后可能对孩子成长造成的影响。因此，比起礼貌性地赞美外表而言，教授更希望得到别人对自己女儿发自内心的肯定和夸奖。

可见，同样是赞美的话，如果说不到对方的心里，就相当于射出去的箭脱了靶，没有任何意义。我们平时在夸奖和赞美对方的时候，一定要做到有的放矢。如果不讲究策略和方向，只是毫无目的、毫无重点地赞美一通，恐怕根本换不来对方的一个笑容，更不用说拉近彼此的距离。

赞美如煲汤，火候是关键

赞美的话人人都爱听，但溜须拍马却很难让人产生好感，这是人之常情。会说话的人懂得过犹不及，更懂得赞美的话要适可而止，让对方由衷地感到愉悦，这是种本事。而那些不会说话的人，即便嘴里说着好话，也总能让人听出几分谄媚和虚伪，反倒让自己落了下乘。

须知，说好话、表扬人也是需要技巧的，就像煲汤一样，哪怕材料放得都一样，营养价值都没什么差别，但对火候的掌握却直接决定了汤的味道。火候掌握得当，赞美才能打动人心，让对方意识到你对他发自内心的欣赏和崇拜；若是过了火，过了度，这赞美也就成了功利性的恭维和谄媚，反而会让人觉得虚伪和讽刺，甚至引起别人的反感。可见，凡事都讲求一个适度，一旦超过了度，再好的汤也会让人难以下咽。

为了下半年的签单，业务员小王在朋友的介绍下去拜访了一位厂长。一开始两人还算相谈融洽，但毕竟才刚接触，要想马上建立起深厚交情也不现实。为了让气氛变得热络一些，小王便打算恭维厂长几句，于是就对他说道："王厂长，虽然我们今天才刚认识，但从刚才短暂的交谈中，我就发现，您真的是一位很有智慧的人，要是有机会跟在您身边学习，哪怕不要钱我都肯干。"

本来这话也就是随口一说，只要对方听得高兴就行了。可没想到的是，小王话一说完，这王厂长马上拍着大腿笑道："是吗？可以啊，小王，我现在正缺一个助理呢，你回去立马辞职，明天就能来我这里上班。虽然你不要工资，但放心，包吃包住是绝对没问题的！"

听到这话，小王傻眼了，根本不知道要怎么接下去，只好尴尬地抓抓头，勉强笑了几声。原本就不甚热络的气氛更是降到了冰点。

小王对王厂长的赞美便如同那过了火候的汤，有些油腻，因此不免显出了几分虚伪。而作为一个在商场摸爬滚打多年的"老油条"，王厂长又怎么会听不出小王对他的恭维里究竟有几分真心呢？从王厂长丝毫不给面子的表现来看，很显然小王奉上的这碗"汤"不仅没能取悦他，反而引起了他的反感，所以才会以这样的方式让这场谈话走向落幕。

说话是件极其讲究技巧的事。懂说话的人，哪怕是坏话也能说得让人高兴；而不懂说话的人，即便是好话也可能说得让人不爱听。赞美也是需要技巧的，要想真正打动人心，你的赞美必须恰到好处、真诚得体，还得摸清对方的性格，该明说的明说，该委婉的委婉，这样才能真正把话说到对方心里，让对方感到由衷的高兴。

孔夫子说："巧言令色，鲜矣仁。"说的就是那些赞美别人时用力过猛的人，他们不仅不会让人感到愉悦，反倒会惹人讨厌。所以说，这赞美就像煲汤，一定得把握好火候，火候不够难以打动人心，火候太过则又显得虚伪。再者，我们煲汤是为了让他人喝得愉悦，因此，在煲汤之前，就得先把对方的性格与喜好摸透，知道什么样的汤才能符合对方的口味，这样奉上的汤才能真正产生效果。

恰到好处，适可而止，这样的赞美才能真正打动人心。

公开表扬要讲究方法

在生活中，懂得表扬别人，会使我们拥有更多的朋友；学会表扬别人，有助于我们建立更加广阔和牢固的人际关系，对于人生境界的拓展也有非常大的帮助。但是如何表扬别人其实是一门艺术，尤其是公开场合下的表扬，如果运用得当，能够大大提升效果；相反，如果运用得不够得当，不但起不到活跃气氛的作用，还会起到反作用。

张亮在公司的管理岗位任职多年，他所在的公司是由国有企业改制而来的，因此在他的下属中，既有年长的“60后”，也有年轻的“90后”，员工的年龄跨度接近30岁。

在日常的管理工作中，张亮比较注重在例会中用公开表扬来激励下属的士气，于是大会、小会总不忘公开表扬表现突出的员工。可是时间久了，张亮发现，公开表扬的气氛渐渐变得有些尴尬，比如在表扬完某个员工之后，该员工脸上并没有出现他期待的笑容，甚至连兴奋和开心的表情都没有，反而显得心事重重。而那些没有得到表扬的员工则表情微妙、眼神空洞，仿佛表扬别人这件事完全跟自己没有关系。

这是怎么了？难道是人心散了，队伍不好带了？张亮很是困惑。

直到有一次，一个资历颇深的老员工找到张亮："小张，我和你说个事情，这事我酝酿很久了。"

张亮一听这称呼，就明白这位老员工是在强调自己的资历了。果然，老员工说了自己对于听到公开表扬另一位员工的感受。他说自己是如何辅导了那名员工，帮助那名员工解决了多少困难，而张亮这样表扬会让有贡献的人心里不舒服，会让受表扬者骄傲、不感恩，等等。张亮耐着性子听完之后，费了好一番口舌才安慰好这位老员工。张亮怎么也没想到，公开表扬这件事会闹出这样的插曲来。但之后他冷静下来想了想，似乎老员工说得也有道理，团队中各种能力和水平的员工都有，平时的工作中难免有互相看不顺眼的地方，这样一来，公开表扬反而成了一种负担和压力，根本起不到激励的作用。

在后来的观察中，张亮发现，表扬团队、项目组的效果比较好。大家在彼此配合中，谁也不愿意拖团队的后腿，而越是合作默契的团队，绩效也越高。在公开表扬的时候，以团队为单位，可以让整个团队共享荣誉，而不用考虑谁贡献多谁贡献少的问题。这一发现给张亮带来了很大的启发。从那之后，除了季度和年终会公布前三名先进员工，其他的表扬一律以团队为单位。这样一来，整个公司的气氛都变得融洽了。

总而言之，公开场合下的表扬和赞美，一定要讲究策略和艺术，既要让应该受到表扬的个人得到表扬，也要顾及那些没有得到表扬的员工的心态。如果因为表扬一个人而得罪了一群人，那就背离了表扬的初衷。就如同张亮所感悟到的一样，在公开表扬的场合，不仅要充分考虑被表扬者的感受，更要考虑其他没有受到表扬的人的感受，要学会根据实际情况调整表扬的话语和策略，从而起到最佳的激励作用。

与批评相比，赞美更有力量

很多时候，我们在面对朋友、家人、下属的错误时，会采取批评的方式，希望他们改正错误，做出正确的选择。虽然我们的出发点是好的，是为了对方着想，但是往往无法获得预期的效果。

因为每个人都是有自尊心的，都不愿受到别人的批评。即便他们知道“良药苦口利于病，忠言逆耳利于行”的道理，也会因为听了别人批评的话语感到不舒服。尤其是那些太过严厉的批评会让人受到打击，甚至产生排斥的心理。

如果在与别人的沟通中，我们没有注意到这一点，时常把批评的话语作为口头禅：“你不应该这样做……”“你这样做是错误的……”这样就很容易与他人产生距离感，从而给沟通带来不必要的障碍。

但是，如果我们能够在“苦药”外面抹上一层“糖衣”，即在批评他人之前先给予一定的赞美，那么不仅可以让对方更容易接受，达到我们劝服他人的目的，还可以抓住对方的心，赢得他们的喜欢。

罗伯特是一家印刷厂的老板。他善于把批评夹在赞美中，员工们很乐意接受，他也因此受到了员工们的欢迎。

有一天，罗伯特收到顾客的投诉，说这一次交货的图书质量非常差，影响了图书的销售。罗伯特调查发现事情果然如此，而这一切都是一位新员工的马虎造成的。

罗伯特找到车间主任，希望他能提醒这位新员工，避免出现同样的错误。谁知这位车间主任严厉地批评了这位新员工，说他工作不认真、粗心，如果再不认真工作就要受到严厉的惩罚。这一顿批评让这位新员工感到非常委屈，而且信心受到了严重打击。其实，这位新员工并不是工作不认真，只是刚工作不久，还不太熟悉操作流程，才会出现这种失误，导致大部分产品不合格。

得知此事之后，罗伯特找来这位新员工，对他说：“小伙子，你的干劲非常足。如果我们的员工都能像你一样有激情，那么我们印刷厂就无人能比了。我希望你能好好干下去。”

然后，他又真诚地对这位新员工说：“不过你作为新员工还应该把技术练熟，这样一来，才能做出更好的成绩。你说是不是？”

听了老板的话，新员工非常感动，因为他没有想到自己犯了错误，反而受到了夸奖。从此之后，他苦练技术，并且更加热情地投入工作，没过几年就成了印刷厂的骨干。

同样是批评他人，罗伯特和车间主任的话却得到了截然相反的结果。罗伯特看到了新员工的不足，但是也看到了他有干劲这一优点，并且在批评他之前先赞美了他的干劲。正因为如此，这位员工才一扫之前的委屈，更加努力地工作下去。

试想，如果罗伯特像车间主任那样选择直接批评，那么对方不仅会更委屈，工作的激情也会受到严重影响。

可以说，把批评夹在赞美之中，是高明的沟通技巧，也是高情商者的说话之道。这种做法虽然比较委婉、间接，但是比直接的批评更加有效。

这是因为，在批评他人之前赞扬对方的优点可以减少批评的负面效应，消除对方的排斥心理和沮丧心情，从而让对方更愉快地改正自己的错误。要知道，每个人的内心都是渴望赞美的，并且对于批评有排斥心理。当他们听到别人的赞美之言时，会很高兴；听到批评的话语时，就会产生不服气或是不满的情绪。

正因为如此，我们要懂得赞美的妙处，用赞美这层“糖衣”来包裹批评这一味“苦药”。这样一来，我们的批评将更有效果，并且还能俘获人心。

赞美，人际沟通最好的润滑剂

赞美是人与人之间沟通的润滑剂，是一种强有力的“武器”。如果你的赞美恰到好处，就会给别人带来欢乐，博得对方的好感，使以后的沟通更加顺畅。这是因为几乎每个人都喜欢受到表扬，听到别人的赞美。

戴尔·卡耐基曾说：“你想要跟你接触的人都赞同你，你想要别人承认你的价值，你想要在你的小世界里有一种自重感。你不希望受到没有价值、不真诚的阿谀，你渴求真诚的赞赏……所有的人都需要这些。”

时下很多年轻人喜欢发微博、发微信朋友圈，晒自己到哪里旅行了，晒自己的美妆、漂亮的衣服，晒自己可爱的宝宝……其实，这些都是为了满足自己的自重感。如果有人在他们的微博、微信朋友圈下面点赞，或是赞美一番，那么他们心里就会获得无比的满足。

如果你想要增进与他人之间的关系，成为朋友圈中受人欢迎的人，可以寻找对方值得称赞的地方，然后真诚地给予赞美，满足他们的自重感。

老李是典型的北方人，退休之后跟随着儿子来到上海定居。由于离开了熟悉的环境、熟悉的朋友，再加上语言上的障碍，老李来上海好几个月了，也没有找到聊得来的朋友，所以他感到非常寂寞。

儿子看父亲整天一个人闷在家里，便劝他多到公园里去转转。老李生气地说："你以为我没有去逛啊，可是人家都有自己的朋友，我怎么融入呢？"儿子笑着说："其实想要交到朋友很简单，只要您多观察，适当地赞美别人就可以了。我们小区的老人都是有文化的人，喜欢下棋、看书之类的活动，您可以从这方面入手啊！"

听了儿子的话，老李决定去试试。第二天，老李到了楼下的公园，看到几个同龄人正在下棋，便在一旁安静地观看。等到一局结束之后，他称赞胜者说："老哥，您的棋艺真是不错。最开始已经被对方逼近了死角，没想到竟然反败为胜了。"胜者看着老李说："您也懂棋？"老李谦虚地说："年轻的时候学过几年。当然没有几位老哥哥棋艺精湛啊！"

几个人纷纷说："什么精湛不精湛的，我们就是玩玩。以后你有时间的话，我们可以切磋切磋。"

就这样，老李开始经常和这几个人下棋、聊天，他时常记着儿子的话，时不时称赞他们，很快他就成了公园里很受欢迎的人。从此之后，老李不再孤单了。

老李的赞美，让几位老人心里得到了满足，对老李的好感度自然就大大提升了，从而拉近了彼此之间的距离。所以，不管我们身处什么地方，与什么样的人交往，都不要忘了赞美别人。一句简单的赞美，从我们嘴里说出来，也许不算什么，但是对于被赞美者来说，或许具有非常重要的意义。它可以让对方觉得自己是重要的，是受人欢迎的。只要我们能让别人觉得自己是重要的、出色的，那么很快就会“俘获”对方的心，你们之间的关系也会变得更加和谐。

或许有人会说，我可不愿意说恭维的话，这显得有些虚伪。其实，这完全曲解了赞美的含义。赞美并不是违背心意，也不是刻意讨好。它是对于他人优点和成绩发自内心的夸奖和肯定。恭维才是虚伪的，它包含着不可告人的目的，并不是发自内心的。

不管是与朋友相处，还是与陌生人交流，我们都要真诚地赞美，而不是虚情假意地恭维。想拉近彼此之间的距离，我们就应该发现对方的长处，从而真诚地赞美对方。

总而言之，人人都应该学会真诚地赞美。赞美是我们对别人的尊重，也是我们送给别人最好的礼物。掌握好赞美的技巧，我们的人际关系会越来越和谐。

用细节赞美对方，更能打动人心

正所谓“良言一句三冬暖”。恰当的赞美，不仅可以表现出自己的涵养和友善的态度，还可以迅速博得对方的好感，缩短彼此间的距离，使双方的沟通进行得更为顺利。

然而，赞美是一门十分讲究的艺术。若不能掌握赞美的技巧，即便有赞美他人的心，最后的效果也不一定好。比如说，空泛而又浮夸的赞美，就很难让对方心生好感，反而会让对方感觉虚伪、不真诚，甚至心生反感。而细节上的赞美，就比空泛的赞美更加到位，更能让人感到你的真情实意。

我们不妨看看这样两组赞美。

甲：“您的画真是太美了！”

乙：“您的画画得真好！我尤其喜欢河边那棵垂柳，画得非常传神，我都能感觉那柳条在微风中摇曳。用色也非常清浅，勾勒出清新明快的色彩，让人感觉到了春天的气息。”

如果你是作画者，哪一个人的赞美更能打动你，更能让你体会到对方的真诚？不用问，当然是后者了。因为后者的赞美注重了画作的细节，即景物、用色，言之有物。而前者的赞美则太空、太假，给人客套、恭维的感觉，自然就无法达到打动人心的效果了。

所以，在赞美他人的时候，仅仅一句“你真不错”“你做得真好”是远远不够的。范围太大、内容太空的赞美就等于没有赞美。想要打动人心，并且达到赞美的目的，就应该多说细节，明确地指出他人令你赞美的理由。

李倩是一家传媒公司的外联人员。她虽然工作时间不长，但是拥有非常广泛的人际关系，在业内受到了众多前辈和领导的夸奖和欢迎。有人说是因为她长得漂亮，也有人说她口才好，还有人说她懂得要手腕。可事实上，她只是比别人多了一些小技巧。

她不仅懂得赞美的技巧，更懂得赞美的价值。她总是能够从细节上赞美他人，从来不宽泛地赞美他人。比如同事买了新裙子，别人都夸“很漂亮”“很适合你”之类的，可她却能在仔细地观察后说：“裙子剪裁得体，完全把你纤细的身材勾勒出来了；颜色比较柔和，把你的肤色衬托得比较白……”

再比如和其他公司合作的时候，她善于发现别人的优点和长处，并且不吝啬自己的赞美。一次，李倩合作的对象是业内大佬级别的人物，那人听惯了别人的赞美和恭维，不太喜欢这种客套话。但是，这个大佬却非常喜欢李倩，因为李倩挖掘出了别人不知道的细节，并且给予了恰当的赞美。原来，大佬在寂寂无闻的时候，策划过一则不算出名的广告。这广告虽然播出时间不长，却是大佬最中意的作品，也是让他迈入传媒界的跳板。所以，当李倩恰当地提起这则广告，并且给予赞美的时候，大佬感到非常惊讶和感动，认为她是真心实意地崇拜和赞美自己。

正是因为李倩善于赞美，并且把每一句赞美都落实到细节上，所以对方感觉她用心了，因此更愿意信任和接近她。也正因为如此，李倩才能在短时间内成为业内很受欢迎的人。

可见，在细节之处赞美他人，才是到位的赞美。每个人都喜欢听到别人赞美自己，但是如果你只是宽泛地赞美对方，那么对方可能认为你只是客套，或是安慰他。如果你能说出对方值得赞美的细节，或是尽可能多地描述对方的优点，那么对方就会体会到你的真诚。

美国管理学家内梅罗夫博士曾建议人们："赞美他人的时候，最好要回忆某一特定情况，并描述出具体的行为。"

所以，即使说一百遍"你真漂亮"，也不如一句"你的眼睛真美"更有效果。想要高效沟通的人，应该多掌握赞美的技巧，多在细节上下功夫。

通过第三方表达你的仰慕之情

每个人都喜欢别人的赞美。当人们得到他人的赞美时，荣誉感和自尊心都会得到满足，就会产生一定的愉悦感，从而对赞美者产生亲切感和好感，更愿意同赞美者交谈和来往。

所以，赞美是人们拉近与他人心理距离的关键，也是赢得被称赞者好感与信任的关键。不过，赞美也是有技巧和学问的。与当面赞美他人相比，换一个方式，借第三方之口来表达你的赞美，更容易达到良好的效果，对方也更容易感受到你的真诚。

这是因为当面赞美难免有恭维、讨好的嫌疑，可能会引起别人的反感。而在人们的观念中，第三方的话往往是比较公正、客观的。

比如，在职场上，如果你当面赞美上司，那么上司或是同事就会认为你是在讨好上司，拍上司的马屁。可是如果你在上司不在场时，或是与同事、客户闲聊时，真诚地赞美上司，夸奖他的才华或是能力，效果就会不一样。

王丽是一个公司的员工，平时工作很努力，表现也不错。前段时间，老板提升她为部门主管，为此她感到非常高兴。不过，她也有些疑惑，自己来公司时间并不长，怎么就受到了老板青睐呢？

后来她才知道，原来是自己对于老板的赞美起到了作用。有一次，她和客户闲聊，正好说到了老板。王丽当时非常真诚地说："我们老板这个人真是不错，有才华、能力不说，对我们这些员工也非常好。"

结果，这位客户在与老板会面的时候，就谈到了王丽对老板的赞美，这让老板感到非常欣慰。于是，老板对她有了很好的印象，再加上她平时工作努力，表现突出，便提升她当了部门主管。王丽做梦也没有想到，自己对于老板的赞美竟然传到了他耳朵里，还让自己获得了大好的机会。

或许有人会说："我当着第三个人的面赞美他人，万一这赞美的话传不到他的耳朵里，怎么办？那么赞美岂不是无法起作用。"其实，我们赞美别人的目的并不是要讨好别人，为什么非要让别人知道呢？如果抱有非要让别人知道的想法，那这样的赞美与恭维又有什么区别呢？

喜欢听好话，是人们的天性。如果我们听到别人在背后夸自己，肯定会很高兴。《红楼梦》中有这样一段情节。

一天，史湘云和薛宝钗劝贾宝玉去考取个功名，将来好做大官。贾宝玉对这样的话非常反感，于是便对着她们说："林姑娘就从来不和我说这样的混账话。如果她说这样的话，我早就和她生分了。"

这番话正好被从窗外路过的林黛玉听见。林黛玉听到贾宝玉这样夸奖自己，自然感觉又惊又喜，心中对贾宝玉的好感也增加了不少。从此之后，两人的感情越来越好。

可以说，通过第三方来表达自己的赞美之情，是间接赞美的一种方式。这种赞美的方式，要比直接赞美具有更神奇的效果。虽然这种间接的方式比较迂回，但是比直接赞美的方式更具有"杀伤力"。

赞美要及时，否则将大打折扣

人们都知道，赞美能够激励一个人不断进步，让他爆发出无尽的潜能；赞美能够消除人与人之间的陌生感，让彼此的关系越来越亲近。可并不是所有的赞美都拥有如此神奇的效果，一旦你的赞美过时了，效果就会大打折扣。

很多人从来不吝啬对于别人的赞美，可有时却不懂得把握恰当的时机。比如同事取得了成绩，他没有立即给予赞美和恭喜，反而过了一段时间之后才兴奋地说："哎呀，听说你做出了不错的成绩，真是太厉害了！相信凭借你的才华，你肯定会很快升职加薪的。"他觉得自己是赞美别人，可同事心里恐怕会有不一样的想法："这都已经是过去的事情了，他为什么会突然夸奖我？是不是有所企图？要是真诚的话，为什么不当时就恭喜我？”

所以，赞美也是讲究时效的，及时的赞美可以起到事半功倍的作用，让他人立即产生荣誉感；而过时的赞美就显得缺乏真诚，也不会有什么积极的效果。

小钟在一家公司工作了两年，之前表现平平，也没有什么干劲。可最近一年他的表现却非常突出，而且总是神采飞扬的，工作起来干劲十足。小钟为什么会出现这种转变呢？是因为公司换了一位部门经理。

之前的部门经理平时总爱板着脸，一副严肃认真的样子。他总是爱批评下属，一旦下属出现了错误，就会立即劈头盖脸地骂一通。虽然他也会表扬下属，可总是项目结束过了一段时间才对下属说一些夸奖的话，根本起不到激励的作用。

一次，小钟所在的小组拿下了一个大项目，为公司赢得了丰厚的收益。小钟和同事们非常兴奋，认为经理这次肯定会赞美和奖励他们。谁知，这位经理却没有任何表示，这让小钟和同事们非常失望了。直到几天后，经理才在部门会议上提到这件事情，说：“上次小钟那组表现非常不错，拿下了这么大的项目，真是值得表扬！我们都应该向他们学习！而且我会向公司申请给予他们奖励，提高他们的年终奖金。”可这时，小钟和同事们已经没有了当初的兴奋劲。

正因为这位经理总是批评下属，却没有及时赞美和表扬他们，大家的工作劲头都不高，业绩也不太突出。所以，公司领导决定另请高明，把这位经理辞退了。新来的经理与之前那位经理完全不一样，他总是能够及时赞美和表扬下属，即便只是一点进步，他也会大声说：“小钟，这个活做得真不错！”“小李，文件做得比上一次好多了！”及时的赞美让下属们感到前所未有的振奋，自尊心得到了充分的满足，所以情绪非常高，干劲十足。结果，短短半年时间，部门的业绩就增长了20%。

由此可见，要想激励他人，仅仅学会赞美是远远不够的，我们还要懂得赞美的技巧。当他人做出成绩，或是表现良好的时候，要及时地给予赞美；当我们发现了别人的优点，不要犹豫，立即把自己的想法告诉他。

千万不要等到时过境迁才想起赞美别人，因为赞美如果过时了，即便你再真诚，语言再华丽，也无法达到良好的效果。

第五章

掌握分寸：

知道什么话该说，什么话不该说

有些玩笑，其实一点也不好笑

有人说：“人生就像是一桌丰盛的美食，而幽默就是这美食中的调味剂，让这食物更美味。”没错，在生活中，如果没有幽默，就不会有乐趣。适当地开个小玩笑，可以帮助人们活跃气氛，创造出轻松愉快的氛围。但是如果玩笑开得不好，不合时宜或是有失分寸，就会弄巧成拙，伤害彼此之间的感情，造成朋友之间的隔阂。

生活中就是有这样一种人，他们喜欢和别人开玩笑，却完全不顾及对方的感受，不是让对方尴尬就是惹对方生气，甚至会伤害到对方。实际上，这样的玩笑一点也不好笑，并且根本不能称为玩笑。

赵刚和李强既是大学同学，又是老乡，而且性格相近，所以很快就成了很好的朋友。赵刚很爱开玩笑，时不时会和李强开些小玩笑。而李强也并不在意，只觉得赵刚比较活泼和幽默。所以赵刚的一些小玩笑并没有影响到两人的感情，还让两人之间的相处更轻松愉快。

可一次有失分寸的玩笑，却毁掉了他们的交情。

一天，两人一起上街买东西。走在热闹的街道上，赵刚又想捉弄李强一下，便想出了一个主意。他对李强说："你帮我拿一下手机，我系一下鞋带。"谁知，李强刚接过手机，赵刚就大声说："你拿我手机干什么？快把手机还给我！"李强一脸疑惑地问："你干什么？"赵刚抓住他的手，大声质问："你偷了我的手机，还问我干什么？！快还我手机！"

这时候，很多人围了上来，对着李强指指点点，说他是小偷，要把他送到派出所。李强着急地说："你别开玩笑了！大家真拿我当小偷就糟糕了。"可赵刚还是装出一副认真的样子，让李强还手机。李强一气之下，把手机塞到他手里，一个人气呼呼地回学校了。

这时候，赵刚还没有认识到自己的错误，回到学校后，他对李强说："你怎么这么开不起玩笑？我们平时不也经常这样开玩笑吗？"

李强气愤地说："你这是开玩笑吗？万一我真被人当成小偷抓起来，怎么办？再说，在那么多人面前，你说我是小偷，以后我还怎么做人？这不是诋毁我的名誉吗？"

之后，赵刚就发现李强越来越疏远自己，不再和自己来往了。直到此时，他才意识到，自己的玩笑确实过分了，可已经无法挽回与李强的友谊。

想要表现自己的幽默，想要活跃气氛，这无可厚非。但是如果为了取悦自己而贬低别人，或是无所顾忌地拿别人来开涮，那么这种做法就不是开玩笑了。相反，它只会暴露你的无知和可笑，导致周围的人都不愿意和你交往了。

所以，开玩笑时一定要注意分寸和时机，不要把嘲笑、讽刺当成玩笑，更不要以玩笑为借口，说出让人厌恶和痛恨的话来。

开玩笑应该是善意的，不能让对方感到难堪和尴尬。玩笑的内容也应该是高雅轻松、积极健康的，要避免触及别人的“雷区”。同时，开玩笑一定要看时机、看对象。当对方情绪不好的时候，一定要管好自己的嘴巴，不要开对方的玩笑，否则就会让对方感到不舒服。

总之，玩笑是生活的调味品，是人与人顺畅沟通的润滑剂。但是，有些玩笑，其实一点也不好笑，其中就包括那些伤害到对方自尊的玩笑、揭对方伤疤的玩笑。因此，我们应该学会把握好开玩笑的分寸和尺度。

批评时点到为止，才不伤和气

被批评这件事是每个人都不想遭遇的，因为这既会让自己感觉难堪，也会让自己因为被否定而郁闷不已。有些时候，即便知道批评是正确的，被批评者心中也会留下伤痕，很难消除。因此，在日常生活中，我们需要批评他人的时候，必须讲究方法。因为一旦批评这种手段运用不得当，就会带来很多不好的后果，甚至会损害我们好不容易建立起来的人际关系。

批评不一定要吹胡子瞪眼地大吼大叫，它可以是娓娓道来的，也可以是润物无声的，总之它应该是善意的，在潜移默化间为他人指引正确的方向。多数人在犯错误之后，自己心里其实是很清楚的，甚至可能已经做好了接受批评的准备。但即便是有所准备，始终还是会在心里设定一个底线，一旦批评的程度超过了这个底线，被批评者就可能产生逆反心理，觉得自己的尊严受到了伤害，反而不再承认自己有错误，这样的批评显然是得不偿失的。

因此，在批评别人的时候，我们一定要注意点到为止，别让过激的言语伤了彼此的和气。毕竟我们批评对方，是希望对方能够接受我们的意见，从而对自己的行为做出修正，而不是与对方结下仇怨。

为了避免对方因受批评而激起一时之气，在批评对方之前，我们不妨先找到对方的闪光点，发自内心地进行赞美，这样一来，接下来的批评之语就会变成“阳光雨露”，批评的效果也会大大提高。这种“点到为止”的批评手法，有时候有着意想不到的作用，比大吼大叫的批评方式要强得多。

销售部主管发现卖场内有位销售员总是很懒散，便将这位销售员叫进了办公室。

主管说：“你的工作成绩很不错，我很喜欢你。你知道自己有哪些优点吗？”

销售员原本以为是要挨批评，没想到主管会问这个问题，顿时支支吾吾，抓耳挠腮半天也没说上来一条。

主管说：“在我看来，你至少有四大优点。第一，学习能力强，任何时间、任何一件事，你都能吸收到对自己有用的东西；第二，头脑灵活，反应很快，善于察言观色；第三，非常细心，能发现别人难以发现的细节；第四，性格开朗，乐观坚强。”

销售员闻言，惊讶不已，他都没想到自己有这么多的优点。就在他沾沾自喜之时，主管话锋一转，说："但是，我也发现你有一个缺点——不够勤奋，每天打电话的数量与拜访客户的次数都比其他人少。我觉得你应该更勤奋一些，不是为了公司，而是为了你自己，你完全可以更出色的。你觉得我说得对吗？"

销售员的眼睛里闪烁着光芒，点头承认自己确实不够勤奋，当即表示今后要改正这个缺点。

在与他人沟通交流时，与人为善是首要的。虽然难免会有批评他人的时候，也一定不能伤害到对方，批评要点到为止。作为领导更要注意这一点，不要让心中一时燃起的怒火"烧坏"了下属的面子。

比如故事中的这位主管就非常值得我们学习：在批评对方之前，可以先肯定对方的表现，对好的地方进行表扬，让对方心里舒畅，然后再对做得不好的地方提出批评建议，这样一来，对方会更加容易接受你的意见和建议。

如果说话是一门学问、一门艺术的话，那么批评就是学问之上的学问、艺术之中的艺术。大家在生活中都有这样的体会，即有的人会说话，即使是批评也会让人听着受用；有的人不会说话，即便是表扬别人，别人听着也会难受甚至反感。尤其是批评他人时，由于往往涉及他人的缺点或不足之处，因此，批评的方式恰当与否就显得格外重要。古往今来，很多人之所以能构建良好的人际关系，进而成就一番事业，受到人们的尊敬，就在于他们掌握了说话的技巧，尤其是在批评他人时巧妙恰当，既达到了目的，又使人易于接受。

总而言之，批评他人必须掌握技巧，做人不要直来直去，圆通一点才是正道。在人前批评一个人如果能顾及对方的面子，别人必然会记在心里，会打心底里感激你、敬佩你。因此，何必非要大声责骂呢？点到但不点破，给对方留足面子不是更好吗？

说话留一线，日后好相见

生活中，你是否会遇到这样的人：当别人做错事或说错话时，他会不分青红皂白当面指出，咄咄逼人地要求对方承认错误；当与别人发生争执时，他会十分较真，直到让对方闭口不言才罢休；当与别人辩论一个话题时，不论自己的观点是否正确，都要让他人承认这个观点是正确的……

这样的人说话往往很犀利，不留余地，直到自己说赢才肯罢休。在说话时，他们从不顾及他人的尊严与感受，不懂得说话留三分的道理。用这样的方式与人交流，无疑会惹来他人的反感，甚至还会遭到记恨。再仔细观察一番，你会发现，人们都很抗拒与言语中带刺的人沟通。

你与人沟通时有这样的陋习吗？如果有，那么千万不要忽视，因为长期用这样的方式与人沟通，会养成专爱挑剔他人错误的坏习惯，会产生一种反驳他人能获得自我满足感的错觉。渐渐地，你会发现，你身边的朋友都离你而去，甚至他人也用激烈的言语与你交谈。

一个懂得沟通的人，会主动地理解别人的感受，会懂得尊重别人、体谅别人，说话时会仔细斟酌，做到话留三分，因为他们明白，这样做也会得到他人的尊重与体谅。所谓“说话留一线，日后好相见”，说的就是这个道理。你给别人留有余地，就是在给自己留退路。

刘俊是一个有真才实学的人，但是他有一个不好的地方，就是与人说话不留余地，爱较真，所以他的朋友不多。而愿意与他做朋友的人，有的是看中了他的才学，有的是了解他的性格选择不去计较。

杨乐是刘俊最好的朋友，两人相识多年，而杨乐与刘俊相处时，大多充当着迁就、退让的一方。劳动节前夕，杨乐给刘俊打了一个电话，邀请他来参加自己的婚礼。刘俊当场答应了。

眨眼间，劳动节就到了。刘俊准时抵达了举办婚礼的酒店，为了能更近地观礼，他特地找了一个离舞台最近的位置坐下。

婚礼主持人是一位年轻帅气的小伙子，他的主持风格非常轻松自然。他先是说了一段活跃气氛的开场白，等新娘走上舞台时，又煽情地说：“在座的亲朋好友应该都知道，我们的新郎和新娘是一对青梅竹马。‘青梅竹马’这个成语起源于宋朝，据说宋代有一个女词人，她与自己的丈夫从小一起长大……”

主持人的声线很好，故事说得十分动听，宾客们也听得津津有味。可是，在主持人说到一半时，刘俊忽然站了起来，大声说道：“主持人，‘青梅竹马’这个成语可不是出自宋朝，它出自唐朝诗人李白之手。一看你就没查资料，这样会误人子弟的！”

这么直接的指责令主持人的脸色涨红，见全场宾客忽然安静下来面面相觑，他干笑着发问：“这位先生，您为什么会认为这个成语是出自李白之手呢？”

“你会背李白的《长干行》吗？”刘俊骄傲地问。

主持人尴尬地摇了摇头。

“唉，肚子里没三两墨水也敢当主持人，我真是佩服，佩服！”刘俊做了一个不屑的手势后，继续说，“让我告诉你吧，《长干行》中有这样的诗句：妾发初覆额，折花门前剧。郎骑竹马来，绕床弄青梅。”

主持人面色铁青，新郎新娘也气得不行，在场的宾客并没有朝刘俊投去敬佩的目光，而是用奇怪的眼神看着他。

因为刘俊这突然的一席话，主持人的水平直线下降，频频出现口误。新郎和新娘全程黑着脸，这人生中最重要却令人不愉快的时刻他们恐怕会记一辈子。

婚礼还没结束，宾客们便陆陆续续地离开了，每个人都兴味索然，没有参加完婚礼后的喜悦。刘俊觉得自己很有礼貌，他是直到婚礼结束之后才离席的。当他和新郎新娘打招呼时，新娘一句话也没说，转身就走。

刘俊不禁生气地对新郎杨乐说：“你妻子真没礼貌，见到我也不过来打个招呼！”

杨乐听后也生气地说道：“就凭你在婚礼上闹的这一幕，是谁都不会对你有礼貌的！”见刘俊不明所以，他继续说道：“主持人是我们请来帮忙的，而你却当着这么多人不留情面地指责他，让他下不了台，将我们的婚礼都搞砸了，你这种说话不会留三分的人真可怕！”说完，他头也不回地离开了。

不分地点、不分场合，以犀利的言辞一定要与人争个输赢，这是说话不留余地的典型表现。这样的举动无疑会断送自己的友谊。与说话不留三分，不顾及他人感受的人说话，无疑是一件令人疲惫的事，这也是刘俊朋友很少的直接原因。

很多时候，有些人说话不留余地，其初衷并不是为了为难谁，也不是为了让人下不了台，只是一颗争强好胜的心作祟罢了。但用这样的方式与人沟通，无疑会令一场谈话草草结束，这是情商低的一种表现。那么，高情商的人是怎样与人沟通的呢？

在与人争辩时，高情商的人绝不会咄咄逼人，说话时会留有余地，会让他人保住面子；在发现他人的错误时，他们不会直接指出，而是委婉地提醒他人“你错了”，巧妙地让他人主动承认错误；在批评他人时，他们从不会恶语相向，事后还会鼓励他人一番。

说话有分寸，做事有把握，这是一个人智慧的体现。因此，在与人沟通前，不妨先去思考，学会理解他人的情绪，告诫自己不要将话说绝，那么沟通起来就会更轻松。

轻重有度，批评要会用巧劲

无论是在日常生活里，还是在企业管理中，我们都会对别人提出批评，其主要目的是通过批评来帮助对方取得进步。也就是说，不管我们用什么方式去批评这个人，最终都是希望对方能听取我们的意见，接受我们的指正。如果批评过重，不仅无法起到帮助对方的作用，反而会让对方因受到打击而自暴自弃，失去信心，那么批评也就失去了它本来的意义。所以我们才常常说，批评一定要轻重有度，懂得用巧劲，而不仅仅是去指责对方。

批评其实是一种与人相处的技巧。如何巧妙地去批评，并且达到正面的作用，是我们应该去思考和学习的。有时候，一次巧妙的批评比十次奖励带来的激励效果都好。因为当一个人遭遇挫折和失败的时候，他最需要的不是简单的惩罚和批评，而是善意的提醒和激励，而聪明的管理者往往善于把握这个机会。

王赫是一家制造公司的销售经理，因为业务能力强，手里积累了大量客户资源。有一次，一个合作了很久的客户的企业陷入经营困境，货款拖了很久，王赫很是头疼。后来，他打探到消息，得知这位客户的企业经营状况进一步恶化，已经到了无以为继的地步。他非常担心之前的账款打了水漂，于是与几个同事商议之后，决定赶在这个企业宣布倒闭之前，通过他们之前一直合作的一位库管，扣下了这家企业一批价值不菲的货物，希望能够为自己的公司减少损失。

可是让王赫万万没想到的是，这家企业早在经营情况恶化之前，就已经把包括厂房、货物在内的所有物资抵押给银行了。王赫私自扣留货物的行为，不但没有为公司挽回损失，而且惹上了官司，导致公司需要承担因此事而产生的官司诉讼费用。

王赫知道，老板是一个严厉的人，甚至有时候可以用“严苛”来形容。当年自己招标时因为车子爆胎迟到了十分钟，事后被老板狂骂了半个小时。而且平时老板对他的要求也十分严格，批评起来毫不留情面。这一次，他觉得既没有要回货款，又让公司吃了官司，损失这么大，老板肯定会让自己卷铺盖走人，于是他主动写好了辞职信，交给了老板。然而出乎他意料的是，老板听他报告完毕之后，连眼睛都没眨一下，对他说：

“好了，这件事就到此为止，损失也已经无法挽回了，现在去做些能让公司赚钱的事。”

本以为就算不会被开除也会被老板严厉批评的王赫惊呆了，老板轻描淡写的一句批评反而让他感受到了沉甸甸的信任，他暗暗下定决心，一定要对得起老板的信任。接下来的六个月里，他付出了前所未有的巨大努力。在他的努力下，公司在当年创下了历年来最高的营业额和利润。

很显然，王赫的老板是一个高明的领导。他的策略明确而简单，那就是批评这件事本身毫无益处，与其把焦点放在如何去批评上，不如把注意力放在建立信心和未来的发展上。看似轻描淡写的一句批评，可能比他破口大骂半天所起的作用更大，这才是批评的最高境界——招无定式，轻重由心。

生活中，有很多像王赫老板这样的智者，他们非常清楚批评这件事本身意味着什么，也能够最大限度地利用批评这种手段达成自己的目的。想必我们很多人对此也深有体会：批评人的时候，轻重是最不好拿捏的一件事情。特别是作为管理者，有些时候，你已经觉得忍无可忍、无须再忍了，可对方却根本不知道你为什么会发这么大脾气；还有些时候，你觉得事态已经很严重了，无须说太多，而结果呢，对方可能还真就不当回事了。

那么，批评的时候，轻重该如何去把握呢？什么时候该轻，什么时候该重呢？我们不妨向王赫的这位老板学习：事情越轻，批评越重；事情越重，批评越轻。

这其实并不是什么高深莫测的东西，我们在日常生活中经常会遇到这样的说话技巧。举个例子，我们体检的时候，很多人都会查出“三高”（高血压、高血脂、高血糖）或者脂肪肝一类的状况。这时候，医生往往会非常严肃地跟你讲“要注意啊”“这样下去不行啊”“会引发很多病症”等；可是另一种大家都知道的情况是，假如真的查出绝症了，医生反而会用“没事”“不要有心理负担”“这个病现在治疗方法已经很成熟了”“我们有很多专家，都很有经验”这种轻松的话来安慰患者。

为什么会这样？因为事情轻微的时候你不在意，所以话要说重，从而督促你重视；而事情严重的时候，可能你自己已经意识到严重性了，所以话反而要说轻，以免产生不好的后果。

比如王赫之前招标迟到的时候，问题本身并没有非常严重，但是老板批评了他半个小时，这其实是要让王赫在小细节里面看到大问题，从而让他警醒。而后来王赫因为擅作主张导致公司损失钱财又吃官司的时候，老板反而用轻描淡写的一句“到此为止……现在去做些能让公司赚钱的事”一笔带过了，因为王赫心里已经很害怕了，骂得再重也没什么用了。这个时候，反倒是轻描淡写的一句，更能够起到激励的作用。因为在这个时候表达信任，会让人感激涕零。而王赫也正是因为这个刺激，才有了后来的奋发图强。

同事之间，说话留三分

初进职场，每个年轻人都充满了激情和干劲，都想更多地表现自己。这样的想法无可厚非，因为只有表现自己才能让他人看到自己的长处，为自己争取更多的机会。但是，我们一定要注意自己的言行，事情要多做，话却要尽量少说。

尤其是和同事相处，说话一定要注意分寸，千万不要由着性子乱来。因为你一旦说了不该说的话，即便是无心的，也会招来同事的反感，甚至还会影响你在职场上的发展和人缘。

比如，和同事发生冲突的时候，千万不要因为冲动而说出这样的话："就是你的错，你真是太愚蠢了！"这样的话只能让你得罪更多人，让自己处于不利的位置。再比如，在与同事谈话的时候，如果发现对方的错误，应该委婉地说出来，不能当众指出。否则，同事不仅不会感激你，还会抱怨或嫉恨你。

因为你的话让他在别人面前丢了颜面。

可以说，职场上，我们应该注意说话的分寸和尺度，提醒自己不要把话说得太绝，也不要说不该说的话。只有说话留三分，给自己和别人都留有余地，才能进退自如。

相信看了下面的故事，你会更有感悟。

某家公司招聘了一批新员工，张喆是其中一员。老板专门为新员工开了欢迎会。

会上，张喆和几名同事被分到同一个小组，由一名三十几岁的老员工带领和指导。为了让大家互相熟悉，老员工对自己的组员进行点名，并且让大家介绍一下自己。当这位老员工点到“张吉”时，全场一片寂静，没有人应答。老员工随即又点了一遍，并且高声说：“张吉在不在？大家可都等着你进行自我介绍呢！你可不能因为害羞而窝在一边啊！”

听了这话，大家都笑了起来。而张喆这才意识到，老员工说的可能是自己。于是她站了起来，说：“师傅，您是在叫我吗？”老员工笑着说：“不叫你叫谁？你不是叫张吉吗？”

谁知张喆立即郑重地说：“师傅，我叫张喆，那个字是‘喆’，跟‘哲理’的‘哲’同音，不是‘吉’。您什么文化啊，怎么连这两个字都分不清？”

听到这些话，老员工的脸立即变得通红，只能尴尬地站在那里，不知道说什么好。而其他员工也尴尬地坐在那里，现场一片寂静。

这时，人事部门的员工小马站了出来，拿过了名单看了看，抱歉地说："张师傅，不好意思！这是我的问题，我一时疏忽，把名单写错了。我回去就写检讨，您不要太怪罪我。"

老员工明白小马是在为自己解围，便毫不在乎地说："算了，没关系！你以后认真一点就可以了！"于是，老员工继续点名，现场恢复了轻松的气氛。

可这个意外对张喆有不小的影响。此后，她觉得自己在小组的人缘并不好，大家都不想和自己交往。那位老员工虽然没有给自己穿小鞋，但是明显不如对别人那般亲切、热情。

过了好久之后，张喆才知道其中的原因：因为她说话太直，使得老员工丢了面子，所以大家都觉得她不会为人处世，不愿意和她相处。张喆很是后悔，却也有些无可奈何。

就是张喆不懂得说话留三分的道理，让那位老员工在众人面前丢了面子，才导致了她在职场上寸步难行。试想，如果张喆在意识到那位老员工念错字时，不是直截了当地指出来，而是将错就错地站起来，然后把纠正的行为放在私下进行，就不会有那样的结局了。

俗话说，话到嘴边留三分。我们说话之前应该懂得掂量话语的轻重，知道什么话该说，什么话不该说，什么话应该坦言，什么话需要留三分。只有做到了说话留余地，才能给自己和别人留余地。这不仅是说话的技巧，还是对他人和自己的尊重。

谈判不是咄咄逼人的硬功夫

在谈判中，经常会看到这样的场景：一方咄咄逼人，气势汹汹，仿佛要把对方彻底击败；而另一方始终处于劣势，没有反驳的余地，也没有表达自己见解的机会。

结果会怎样呢？咄咄逼人的一方一定能获得谈判的胜利？处于劣势的一方就会甘心屈服？当然不是，这样的谈判往往会以失败告终。因为处于劣势的一方即便被逼到了死角，他们的自尊心也不允许他们屈服，反而会在内心产生一种反抗和戒备的意识。

因此，在谈判中，一味穷追猛打、咄咄逼人，并不是高超的谈判方式。很多时候，适当退让，采取欲擒故纵的方式，反而更容易达到谈判的目的。

因为这样的方式会把压力甩给对方，让对方在压力下不得不做出让步。不妨看看下面故事中的小楚是怎样谈判的。

小楚年轻有为，经过几年的打拼，终于有能力在所在的这座城市买房了。该市的二手房市场比较火热，每平方米平均价格为13000多元。他看中了三环内一套95平方米的二手二居室。这套房无论是地理位置、格局布置，还是周围生活配套设施都非常不错，让小楚非常满意。

不过，他觉得125万元的售价有些高了，于是在看房子的时候，他的脸上并没有表现出特别满意的神情，而是假装不是非常满意。当中介人员问他是否满意的时候，小楚故意有些迟疑地说："你还有其他房源吗？我还想再看看！"

中介人员有些不解，问道："为什么还要再看看呢？这套房子多合适啊！地理位置好，户型和装修也很不错。最重要的是，附近有不错的小学和中学，将来您要是有了孩子，上学多方便啊！"

小楚点了点头，说："你说得不错。不过我觉得这里的环境还是有些不好，小区没有健全的物业，进出的人员比较杂。而且，这套房子是临街的，晚上肯定能听到汽车的声音，恐怕会影响睡眠。并且有一间房的采光不是太好，窗户有些小，根本无法进来足够的阳光。"

听了小楚的话，中介显然有些急了。他觉得小楚可能是欲擒故纵，想压低价格，便想要试探一番。他说："先生，您说的这些也有道理。但是，这套房子真的非常不错，而且这里的房源也非常紧张，昨天还有一位女士来看过，说非常满意，等和老公商量一下就做决定了。”

小楚并没有着急，而是冷静地说：“那估计那位女士也看出了这房子的几个缺点，要不怎么还要和老公商量呢！我也要考虑一下。”说着，小楚就准备出门了。

中介立即阻止了小楚，开始不停地劝说，说这套房子如何好，如何划算，但小楚还是没有表态。接着，中介说：“要不这样，我和房主商量一下，看他是否愿意将卖价降低一些。您看怎样？”

小楚听了，内心有些激动，但是没有表现出来，说：“那你商量一下吧！有消息之后再联系我。”

第二天，中介就联系了小楚，表示房主愿意降低价格，说只要120万元就可以成交。可小楚还是有些不满意，对中介说：“五万块不算少了，但是对于一套房子来说，降的幅度就有些小了。我觉得，这价钱还是有些高。今天我朋友介绍了一套房子，就在这附近，而且户型、环境都和这里差不多，但是价钱却只有110万元。我觉得那套房子更划算！”

中介听完小楚的话，无奈地说：“您真是太厉害了！我再和房主商量一下，看是否能够再降低一些。”结果，小楚以110万元的价格买下了这套房子，足足省下了15万元。

小楚之所以能在整个谈判的过程中占据优势，以合理的价格买下这套环境和配套设施都不错的房子，就是因为他懂得欲擒故纵的沟通方式。他虽然对这套房子非常满意，但是没有表现出来，还说自己有其他的选择。这样一来，对方的心理就承受了比较大的压力，不得不做出退让。

如果小楚明确表示自己对房子很满意，然后再砍价，那么即便他再善于雄辩，再滔滔不绝，恐怕也无法让对方屈服了。

因此，在与对方谈判时，我们没有必要咄咄逼人，更不能表现得过于急躁。不妨运用欲擒故纵的方式，如此一来，我们便能轻松地把控谈判的局面，达到最终目的。

安慰不好，好心也就被辜负

很多人时常会遇到这样的问题，本来是出于好心，想要安慰或是鼓励一个朋友或家人。但到头来却惹恼了对方，导致双方都不愉快的感受。听者会气恼地说：“我都这么惨了，你这没良心的人还这样说我！真是太过分了！”而说话的人也委屈：“哼，我好心安慰你，你却不领情。真是好心被当成了驴肝肺！”

这是为什么呢？其实很简单，就是说话的人不注意说话的方式，犯了口无遮拦的大忌。

很多时候，出于好心的话，如果说得不恰当，就会让对方反感，甚至厌恶，从而让两人都不舒服。比如你本来是怕朋友吃得太多，身体不健康，可你一句“你不要吃太多，否则就胖得像肥猪一样了”，就会让对方难以接受，你甚至会失去这个朋友。

曼琳就是因为不懂得好好说话，让自己的好心变了味，还无意间伤害了最好的朋友。

曼琳和雨桐是一对好闺密，从中学开始两人就形影不离了。大学毕业后，两人又在同一座城市工作，自然就有了很深的交情。

曼琳和雨桐平常喜欢互“怼”，互相调侃。比如雨桐喜欢到处寻觅美食，而曼琳则时常说：“你小心吃成个大胖子。”雨桐和男朋友闹别扭了，曼琳就说：“你脾气这么臭，万一爆发了，把你男朋友吓跑怎么办？”

对于曼琳和雨桐来说，这样的调侃已经成为她们俩亲密无间的象征，反正两人是十几年的闺密，还有什么忌讳呢？可这次，曼琳的话却让雨桐伤心了很久，还差一点儿毁掉两人的友谊。

雨桐和男朋友分手了，非常伤心难过，茶不思饭不想。曼琳非常担心雨桐，便来到她家里陪她。看着情绪消沉的雨桐，曼琳像往常一样，说：“哎呀，我就说你不能老是‘作’吧！这下被人甩了吧！你就是脾气太臭了！……”

一听这话，雨桐就怒了，她生气地质问曼琳：“你还是我闺密吗？现在我失恋了，你怎么幸灾乐祸？”

曼琳说：“我哪有幸灾乐祸！我是想要安慰你……”

雨桐气愤地说："你这是安慰吗？这是往我伤口上撒盐！"

见雨桐愤怒的样子，曼琳也愣住了。她不明白为什么雨桐会说翻脸就翻脸，自己也是好心想要宽慰雨桐啊！

没错，曼琳是好心，也是为了雨桐好。可是她却忽略了场合和时机，更忽略了雨桐的心情。此时，雨桐刚失恋，是非常敏感并且脆弱的。这个时候，说她"作""被人甩"，岂不是在她伤口上撒盐？既然曼琳是好心，为什么不好好说话呢？为什么不让话语多一些温暖，少一些嘲讽，多一些关心的词语，少一些调侃的词语呢？

好好说话，才能让对方感到愉悦，起到安抚心灵的作用。如果曼琳真的想要雨桐的心情变好，振作起来，就应该好好说话，站在对方的角度去理解她的不安和痛苦，抑或是什么也不说，静静地陪着她——相信，这也比说那些话好很多。

所以，在安慰别人的时候，我们应该注意自己说话的方式，站在对方的立场来思考，并且知道什么是该说的，什么是不该说的。

千万不要把关心的话以玩笑的形式或用嘲讽的口吻说出来，更不要把安慰的话以调侃和反话的形式说出来。否则，你的好心不会得到对方的理解，甚至招来对方的厌烦和痛恨。

哪壶不开提哪壶，很难受人欢迎

每个人身上都有这样那样的缺点和不足，以及不愿被人提及的敏感点，不管是普通人还是身份高贵的人都是如此。

对于绝大部分人来说，一旦被人提及和碰触了这些敏感点，就会觉得自尊心受到了严重的伤害，轻则滋生反感的情绪，重则产生愤怒和仇恨的心理。我们经常说的“打人不打脸，骂人不揭短”，就是这个道理。所以，在日常交往中，大部分人会多加注意，尽量不提及别人的缺点和短处，更不会揭别人的伤疤。

但是我们在与人交往的时候，总是会遇到这样一些人，他们说话时口无遮拦，哪壶不开提哪壶。或许这些人不是有意为之，但是不管什么时候，这样的人都无法受到别人的喜欢。

在某商场内，一位妈妈领着一个可爱的小女孩来到一家童装店。小女孩被一条美丽的公主裙吸引了，于是妈妈让售货员拿过来给女儿试一试。

这条裙子是到脚踝的长款，售货员便拿了一条最小码的裙子，可是小女孩长得有些瘦小，裙子穿在她身上显得又肥又大。妈妈说：“你再给我们拿一条小一码的裙子吧！”

这时，售货员说：“这已经是最小码了。我们这款裙子是长款，不适合个子矮小的孩子穿。您的孩子还不到4岁吧，应该选择短款的蓬蓬裙，要不您再看看其他款式吧！”

一听售货员这话，这位妈妈的脸立刻就沉了下来，不高兴地说：“你会不会说话啊？什么叫不适合个子矮小的孩子啊？你说话真是太过分了！我要投诉你，把你们的店长叫过来！”

这时，在一旁忙碌的店长立即走了过来，微笑着说：“非常抱歉，是我们的失误，请您见谅！这确实不是您孩子的问题。我们的衣服是外贸货，比较适合国外的孩子穿，不适合我们国内孩子的身材。”说着，她随手拿下一套短款的蓬蓬裙，说：“这一款是我们国内的品牌，很适合您乖巧可爱的女儿，宝贝穿上之后一定非常漂亮。您让宝贝试一试，可以吗？”

听了店长的话，这位妈妈的脸色好看了些，说：“这套确实不错，那就试试吧！”结果，这位妈妈很高兴地买下了这套短裙。

其实，售货员说的是事实，长款的裙子并不适合矮小的孩子穿。但是她忽视了说话的技巧。每个妈妈都不希望自己的孩子被说“个子矮小”。实际上，这个女孩已经5岁了，但是长得比同龄人矮。对于这位妈妈而言，这件事情是她不愿提及的，也是令她苦恼的事情。

虽然这位售货员并不是有意的，也并不知道孩子的实际年龄，但是这就是“哪壶不开提哪壶”啊。这位妈妈又怎么能高兴呢？

而店长就不同了，她立即说裙子穿着不合适，并不是孩子个子的问题，而是裙子本身的问题，并且夸奖了女孩乖巧可爱。这样一来，即便这位妈妈知道对方是为了缓解气氛，心里也会舒服很多，不再计较了。

不揭他人之短，不提及别人的缺点，是人与人交往的基本素养，更是一个人受人欢迎和尊重的关键。即便是感情再好的朋友，言论之中都不能碰触那些敏感点，何况是陌生人。

事实上，善于沟通的人也是情商非常高的人。他们绝不会说那种“哪壶不开提哪壶”的话，因为他们在说话之前都会仔细地考量，很好地避免别人的隐私、缺点、不足。而这样的人，不管走到哪里，都会受到别人欢迎。

因此，我们在与人沟通的时候，言谈之间一定要注意分寸，并且尽量绕开别人的缺点和不足，多说别人的优点和长处。这样，我们说出来的话才不会得罪人，才会让人听着更舒心、顺心。

第六章

化解尴尬：

随时随地都能与人愉快地交谈

面对话痨的人，要学会拒绝

在生活中，我们都遇到过这样的人：只要和他们聊起天来，就停不下来。他们会滔滔不绝地“轰炸”你的耳朵，向你灌输各种见闻和遭遇，不管你爱听不爱听。最可怕的是，其中绝大部分内容都是废话，毫无意义。这个时候，相信再有耐心的倾听者也会不堪其扰。

圣人孔夫子说过：“有朋自远方来，不亦乐乎？”这是孔老夫子因为朋友从远方来而流露出的喜悦之情。的确，如果真能有志同道合的好友前来拜访，一起促膝长谈、交流思想，也不失为人生的一件乐事。所以，古人才会说“听君一席话，胜读十年书”。

但毕竟人与人之间的想法不同、地位不同，文化层次也不同，而且人也是在不停变化的，即便是曾经的好友，也会因为时光变迁而变得陌生，不再能像从前那样无话不谈。这时候，如果因为彼此之间的交情而不好意思打断对方，一味忍耐的话，最终的结果只能是在折磨中把彼此仅剩的情谊消磨殆尽。

晓玲跟小芳是大学时期的室友兼好友，两人无话不说，大学生活的回忆几乎是两人共有的。毕业之后，两人各自找工作、恋爱结婚，却依然保持着学生时期的闺密关系。可是渐渐地，小芳发现两人的关系出现了微妙的变化。

晓玲是宿舍里公认的“话痨”，几乎整个大学时期都是全宿舍“卧谈会”的主导者和收尾者，即便是工作、结婚之后，这个特点依然没什么变化。可能是老公比较沉默寡言的缘故吧，晓玲总觉得婚后生活中少了些乐趣，于是每到周末都会跑去小芳家小聚，很多时候还要霸占小芳老公的床位，与闺密重温大学时期“卧谈会”的乐趣。

起初小芳还觉得这样挺好，可是后来慢慢就有些不胜其烦了。毕竟婚后家庭琐事越来越多，不可能再回到大学时期那样简单平淡的生活了。偶尔周末聚聚畅谈一番还行，而像这样几乎每周都要扮演“超长待机倾听者”的角色让小芳身心俱疲。再加上晓玲说的都是些生活中鸡毛蒜皮的小事，基本上是废话，要全程配合对方“嗯”“啊”“然后呢”等，让她觉得越来越累。但她又不忍心打断和拒绝对方，结果就是，每个周末都变成了她的“受难日”。周末原本是休息和放松的日子，但晓玲的来访，却让小芳饱受折磨。因此，每逢周末，小芳都会想办法编造理由来躲避晓玲的来访……

朋友之间的聊天本来应该是一件轻松愉快的事情，如果失去了这种轻松愉快，把聊天变得像完成某项不讨喜的任务一样，那么聊天也就失去了它本来的意义。就如同晓玲和小芳，当原本亲密无间的谈话变成毫无意义的废话之后，如果不懂得打断和拒绝，就会身心俱疲、深受其累、苦不堪言。

那么我们该如何去应付“话痨”呢？是强忍内心痛苦“舍命陪君子”，还是直接告诉对方两人言语不合，然后自行消失？其实这两种方法都不是最好的，前一种委屈自己，后一种伤害友谊。到底怎样下“逐客令”才能既保住对方的面子，也做到不委屈自己呢？

首先，在打断对方之前，要先道歉，再解释。比如跟对方先说一声“对不起”，对方回应后再说“抱歉，突然想起一件急事，不得不结束谈话了，能不能下次再向您请教”。这样的情况下，气氛自然是十分和谐的。因为充分考虑到了对方的感受，对方也不会因为你有事情要离开而生气，关系和面子都得以保全。

其次是“互怼法”。顾名思义，就是针锋相对，不管对方说什么，表达什么观点，一律唱反调，为了反驳而反驳，为了抬杠而抬杠，一言不合就“怼”。在对方的每一句话后面加一句“不是的”“你错了”，然后长篇大论地向对方陈述自己的观点。这样虽然不是很体面，但绝对有效，可以让对方感觉很不舒服，收回他那想要滔滔不绝下去的念头。

最后就是“沉默法”。面对对方的滔滔不绝，你只需“以不变应万变”，以沉默应之即可。因为沉默是金，只需要做一件事，那就是不开口、不回应，再狠一点的话可以摆出一副“面瘫脸”。这样时间长了，聊天成了对方的“独角戏”和“单口相声”，对方想要继续说下去的动力肯定会降低不少。

总之，一个不顾别人感受只顾自己滔滔不绝的人不管到了哪里都是不受欢迎的。我们一定要学会应对这种人的方法和手段，学会拒绝，才能让自己避免为其所累。同时也要在沟通过程中时刻提醒自己，要多替对方考虑，不做“废话连篇”者，提升沟通效果。

机巧灵活，恰到好处地侃侃而谈

通常来说，与人沟通时言辞激烈，会令人恼怒；言语冷漠，又会令人没有继续交谈的欲望。所以，在与人沟通前，要先站在对方角度，理解对方的想法与感受，然后再开口去说。这样说出来的话会是恰到好处的，是切中要害的。这也是最好的沟通方式。

田歌初进公司的职位是人事部文员。她资历不深，能力也说不上出类拔萃，但却在进入公司短短两年时间里，就从一名普通文员晋升为董事长助理。这样的升职速度，让人难以想象。大家都觉得是好运气眷顾了田歌，给了她这一千载难逢的机会，不过田歌知道这不过是与人沟通的力量。

出于工作原因，田歌常常需要到各个楼层的领导办公室收发快件。工作一段时间后，她就把公司上下每一个领导的头衔、姓名和办公室等，都记得清清楚楚了。她经常会在电梯里遇到领导，而每次遇到领导时，她都会先问一句，领导需要到哪一楼层。

有一次，董事长刚办完事回公司，在电梯里遇到了田歌。田歌按电梯按钮时照例问了一句："董事长，您好，请问是要到六楼吗？"

董事长觉得很奇怪，便反问道："你天天跑我办公室，怎么每次都要问我到几楼，难道你还不清楚我的办公室在几楼吗？"

田歌笑着回答："我知道您的办公室在六楼，但我并不知道您是打算回办公室，还是要去别的部门办公，因此我不能自作主张。"

因为这件事，田歌令董事长印象深刻，也由此获得了令人羡慕的升职机会。

如果你是一个身处高位的领导，那么你一定不喜欢自己的下属猜度自己的心思，更别说替自己做决定了。田歌是一个情商高又聪慧的人，她懂得严防死守自己与领导之间的界限，懂得站在对方的角度感受其情绪和思考问题的方式。所以，哪怕是坐电梯这样看似无足轻重的小事，她也懂得审时度势，将话说得恰到好处，充分表现出她对领导的尊重和敬畏。这样的沟通过程无疑是讨人喜欢的。

在实际生活中，我们常常会遇到意想不到的新情况以及听话人的不同状态等，此时先不要急着应对，要先去理解对方的想法与情绪，这样说出来的话才会恰到好处，才会令对方感到愉悦，进而感受到你的人格魅力。反之，则会影响对方的心情，甚至破坏彼此之间的关系。

聚会上，一位男士与一位女士聊天，两个人聊得不错。这时，女士手机铃声响起。接过电话后，女士眉头一皱，叹了口气，挂了电话。男士谈兴正浓，又接着前面被打断的话题聊了起来。女士却一直不怎么说话，最后找了个借口离开。

这位男士没有注意到女士情绪的变化，自顾自地说，使得本来大好的局面却这样黯然收尾。

沟通是一种技巧，也是智慧的体现。它能彰显一个人灵活处理问题的能力，有时也关系着一项事业的成败或一个人的命运。这要求我们在日常生活的沟通中，学会理解他人的情绪，调整自己的语言。如此，沟通才会变得巧妙而精彩。

巧妙回答
面试官提出的难题

在求职的过程中，很多新人都不知道如何应答面试官丢过来的难题。尤其是那些刁钻的面试官，他们总是喜欢给求职者出难题、设陷阱，不动声色地让求职者处于“不利”的局面中。

其实，这些面试官的目的并不是为难你，而是看你是否有灵活应变的能力，是否能够巧妙地回答这些难题，让自己轻松地脱离困境。如果求职者能说会道，恰当而又机警地回答了这些问题，就会赢得面试官的青睐。可如果求职者吞吞吐吐、摇摆不定，那么他在面试官心中的形象就会大打折扣，从而失去大好机会。

生活中有很多这样的例子。求职者各方面条件都不错，能力也被面试官看好，可就是因为一个不当的回答，与大好的工作机会擦肩而过。李晓就是如此。

李晓毕业于某知名大学，具有学历上的优势，同时，她的能力也非常强，是这一届的优秀毕业生。当某著名企业在上海举办招聘会时，她信心满满地参加了考试。

经过初试、复试的选拔，李晓的成绩名列前茅，受到了考官的青睐。所以，她认为这工作自己是唾手可得了。可是，就在最后一轮面试时，她因为没有很好地回答面试官的问题而遭到淘汰。

其实，面试官的问题很简单："请问你有男朋友了吗？"

李晓此时已经完全放松下来，并且觉得这个问题和自己的工作能力没有太大的关系，便随口回答说："是的，我有男朋友了。"

面试官又问："你们是一个学校的吗？"

李晓想也没想，便说："不是，他在北京上大学。"

面试官再次问道："那他的工作情况怎么样？"

其实，这时候李晓就应该警惕了，面试官绝不是在和自己闲聊，而是看她是否有长期在上海工作的可能。但是，李晓并没有意识到这背后的问题，她如实回答说："他已经找到了不错的工作，在一家著名的设计公司。"

面试官思考了一阵，再次问道："那么，你们异地恋也挺辛苦的，是否有考虑到同一个城市发展？"

李晓说：“这个问题，我没有考虑过。”

这时，面试官没有继续问下去，而是客气地说：“嗯，我们的面试就到这里，你回去等通知吧！”

李晓原以为自己肯定能够得到这个工作，可是一个星期过去了，她仍没有得到答复。于是，她联系了该公司的人事部门，才知道，原来那个岗位的员工已经到岗了，而自己被淘汰了。

为什么李晓会失败呢？其实，这与她对面试官问题的回答有很大的关系。李晓的学历和能力都无可挑剔，但是异地恋很容易让人分神，面试官担心她无法把全部精力放在工作上。而且李晓只是刚毕业的大学生，她男朋友却已经在北京有了稳定的工作，这就让面试官担心她无法在公司稳定下来，不久后就会到北京去找她的男朋友。

更何况，李晓还没有考虑过“是否到同一个城市发展”的问题，这更增添了不确定性。毕竟，没有企业愿意聘用一个随时可能辞职的员工。

事实上，李晓并不一定会离开上海，但是她的回答却让自己的不确定性暴露无遗，以至于失去了大好的机会。如果李晓能够运用说话技巧，巧妙地回答面试官的问题，就会获得好的结果。李晓应该让面试官知道，虽然自己和男朋友异地恋，但是自己不会因为恋爱而耽误工作；她更应该让面试官知道，自己找这份工作并不是暂时性的，而是经过深思熟虑的，更是为了自己的职业发展。这样一来，面试官的顾虑就会少很多，而她获得工作的机会就会大很多。

面试官会提出各种各样的问题，并不是所有的问题都是为了为难求职者。只要求职者能够给出精彩的回应，巧妙地回答或是回避面试官的提问，就会赢得面试官的赞赏。

比如很多面试官会让求职者谈谈个人的情况，尽管从简历和谈话中，他们已经基本了解了你的情况。这时候，他们想看的其实是你的口才和反应能力。而回答这一类问题，求职者在述说自己优点和缺点的同时，必须强调一点：我的个人情况完全不会影响工作，甚至还会对工作有所帮助。如此，你的成功率才能大增。

所以，当面对面试官的问题时，求职者大可不必烦恼，更不需要如履薄冰。只要我们巧妙地回答问题，就可以顺利地获得自己想要的工作。

与上司打交道，说话需谨慎

人在职场，无时无刻不和上司打交道。有的上司比较严厉，喜欢板着脸和下属沟通，这样一来，下属自然就不敢和上司随意开玩笑。而有的上司则为人随和，喜欢和下属称兄道弟，也喜欢和下属开开玩笑，聊聊天，以此来拉近和下属之间的距离。

但是作为下属，不管你的上司平时多么平易近人，对你多么器重，在与上司说话的时候，你都应该注意说话的分寸，谨慎有加。更不要认为喝完一顿酒之后就能和上司勾肩搭背，畅所欲言。如果你真的这样做了，那么吃亏的将是你自己。

这是因为与上司的沟通是一种自下而上的沟通，双方的身份、地位存在着很大的差异。一旦你说出了不合适的话，就会引起上司的不满，甚至还会因此耽误大好前途。杨修才高八斗，为什么会落得个身首异处的下场？用今天职场上的话来说，就是他没有掌握好和上司说话的分寸，处处显示自己的聪明，拆上司的台，最终惹怒了曹操。

现实生活中则更是如此。吴丽丽是一个聪明活泼的女孩，平时也比较招人喜爱。毕业后，她来到一家房地产公司做策划，上司本来就是随和的人，看吴丽丽乖巧可爱、谦虚好学，便对她青睐有加。上司经常和她一起吃饭、聊天，还时常在工作上关照她。因此，吴丽丽也非常喜欢这位上司，简直就把她当成了自己的大姐姐。

可最近，吴丽丽却发现上司越来越疏远自己了，还时不时严厉地批评自己。这让吴丽丽感到非常不解，不知道自己到底做错了什么。于是，她便去请教工作多年的表姐。

表姐问道："你有没有得罪上司，或在言辞上有什么不敬？"

吴丽丽连忙说："上司对我非常好，我怎么会得罪她呢？更不能说不敬的话啊！"

表姐又问："那你想一想，最近有什么特别的事情发生？你上司是从什么时候开始疏远你的？"

吴丽丽想了想，突然想起了一件事情，说："难道是因为我开的玩笑吗？"

表姐立即紧张地说："你和上司开玩笑？究竟是怎么回事？"

吴丽丽就说出了事情的经过。

那天下班之后，上司约吴丽丽出去逛街，想为之后的同学聚会买几件新衣服。当上司选好一条连衣裙时，服务员都说好看、有气质，上司也露出非常满意的神情。可吴丽丽却大声说："哎呀，头儿！你可不要听她们胡说，这条裙子确实很漂亮，不过显得你的腰比较粗。"

听到这话，上司的脸一下就红了，尴尬地换下了衣服。不过，上司知道吴丽丽没有恶意，所以也没有说什么，对她的态度也没有什么改变。

而经过了第二次事件之后，上司对她的态度就发生了明显的变化。那一次，她们部门成功地与一个大客户签了约，上司带着吴丽丽一起参加了签约仪式。当上司签完名之后，客户连连称赞上司的字写得特别气派、飘逸。可吴丽丽这时却开玩笑地说："当然气派了！我们头儿可是苦练了好几个月，才练成了这么好的字。"

按理说，如果吴丽丽就此打住，那么这样的话也不过是对上司的恭维，并不会引起上司的不满。可是她却在后面加了一句："要是您看了我们头儿之前的字，就不会这么夸奖了。"结果，惹得上司和客户都很尴尬，而吴丽丽仍然没有意识到自己的问题。

听了吴丽丽的话，表姐无奈地说："丽丽，你是不是傻啊！怎么能老和上司开玩笑呢？而且还不顾场合乱开玩笑。在客户面前，你能和上司开玩笑吗？”

吴丽丽委屈地说：“可是平时我们关系非常好啊！她就像是大姐姐一样照顾我，还时常和我开玩笑呢！”

表姐笑着说：“说你傻，你还狡辩！这能一样吗？她是上司，而你是下属，身份上存在区别。很多时候，她可以开玩笑，但是你不能。而且你应该把握好与上司之间的距离，不要觉得对方随和，你就能随意乱说话，不注意自己的言行。”

听到这里，吴丽丽才知道是自己没有谨慎说话害了自己。

没错，与上司说话，既是一种技巧，也是一门艺术。作为下属，一定要与上司保持一定的距离，千万不要因为上司随和就没了自己的分寸，说出了不该说的话。比如上司可以随意和你开玩笑，但是你不能随意和上司开玩笑。尤其是那些冒犯上司，让上司难堪的玩笑。

同时，不管上司是严厉还是随和，和上司说话的时候，最好不要驳斥上司的观点。即便你的意见正确，也应该注意说话的态度和语气，尽量做到委婉、客气。否则，不仅会损害上司的权威，还不利于你的职场发展。

可以说，懂职场话术的人，往往比不懂的人走得更远。所以，与上司打交道，我们应该谨慎小心，清楚什么话该说，什么话不该说；什么话能说，什么话不能说。只有这样，我们才能在职场上立于不败之地，并且赢得更好的人缘。

先找到共同点，再解决冲突点

在谈话中，很多人都会陷入一个误区，认为要说服别人接受自己的意见，就得先证明别人的意见是错的，自己的意见才是正确的。但实际上，这种想法本身就是错误的。对同一个问题，不同的人会产生不同的看法，这原本就是很正常的事情。在很多时候，并不是所有问题都有标准答案，我们选择A是对的，但选择B又未尝没有道理。

所以，与人交谈时，如果你的期望不是与对方针锋相对，而是说服对方接受你的想法和意见，那么在开口之前，就要懂得把“不对”改成“对”，给予对方一定的肯定，博得对方的好感与认同，之后再陈述自己的想法和意见，这样能取得更好的沟通效果。

小周是新入职的销售员，初入职场的他憋足了劲要大展一番拳脚。因为之前自己的专业课成绩非常好，还有一堆证书，他觉得自己虽然刚毕业没有什么经验，但却有着丰富的产品知识和销售理论，一定能干出一番名堂。

结果第一个月的销售业绩排名下来，小周竟然垫底了。销售主管看出了小周受打击之后有些沮丧，主动找到他聊了起来。

“没想到说服客户这么难！”小周一肚子委屈，对着销售主管大倒苦水，“我们的产品理念这么好，质量过硬，比很多同类产品要强多了，可那些客户就是不听啊，我说什么他们都要反驳，很多时候甚至连产品都还没有介绍完客户就走了……”

销售主管笑了笑，说道：“小周啊，我觉得这并不是你销售专业知识方面的问题，而是你还没有意识到问题在哪。我只问你一个问题，你提到了客户反驳你，这个事情其实是相互的，究竟是客户反驳你，还是你反驳客户？这个问题你要好好思考一下。”

“可是很多客户的观念完全是错的呀！”小周急了。

“咱们先不谈这个问题，你明天跟我去拜访一个人，他是我的大学老师，一个专业知识非常广博的老先生，咱们去跟他聊一聊，你一定会有收获的。”销售主管说。

第二天，小周跟着销售主管来到一所大学。当他见到主管口中的那位老先生时，着实吃了一惊，原来这位老教授是业内有名的专业人士，是不少知名成功人士的导师。当时是在一间教室里，老教授讲完课之后，提了好几个开放性的问题，让大家讨论，尽情发表意见。因为老教授的平易近人，课堂气氛十分活跃，很多学生为了一个问题各持己见，争得面红耳赤，然后去找老教授理论。

小周注意到，老教授始终一副乐呵呵的表情，不管学生的争论多激烈，在听每个人发表完意见之后，即便他们的观点截然不同，老教授也会先说一句“你说得对”，然后再分析学生的观点，没多久就让好几拨争论不休的学生都心服口服地离开了。

小周看了一会儿，若有所思，他对主管说：“我明白你的意思了，老教授那么忙，我们不要去打扰他了，我看懂了，下个月我会更加努力的。”

第二个月，小周的销售业绩直线上升。同事们都觉得奇怪，因为看上去小周并没有第一个月那么激进了，有的同事还以为他气馁了，没想到他的业绩反而上升这么快。在月底的总结会上，小周给主管和同事们讲了自己第二个月的收获。

“其实很简单，就是把找到客户的认同感当作最重要的事。”小周说道，“没有人喜欢一个处处反驳你的人，我不喜欢这样的客户，客户同样也不喜欢这样的销售员。所以我改变了态度，从客户对产品的需求入手，而不是从我们的产品入手。跟客户聊天的时候，先聊客户的事情，不管他发表什么观点，是否与产品有关，都要认同客户，记住一点：客户说什么都对，找到与客户之间的共同点之后，再进一步谈其他的。”

小周的这些心得，其实都来自那位老教授，不得不说，那位教授的情商确实很高，也极其懂得如何说话。以他的地位而言，即便他直接提出反对和批判，大概别人也不敢说什么。但他非但没有如此，反而会先给予对方肯定。试想一下，这样一位学识渊博、地位极高的教授，居然肯定了你的意见，虽然只是一小部分，但也足以令人受宠若惊了。

“对”只是一个字，却能在第一时间给对方留下极好的印象，把对方拉入你的“阵营”。接下来，即便你再开始陈述完全不同的意见，想必有了先入为主的好印象之后，对方也不会产生太大的抵触心理，反而可能会认真考虑，甚至接受你的意见。所以，在试图说服别人时，先别急着否定对方，而是应该先找到彼此的共同点，给予对方一些肯定，然后再去解决冲突点。

氛围好了，沟通就事半功倍了

在办公室里，有了工作的氛围，员工的工作效率会更高；在会议室里，有了开会的氛围，与会者更愿意积极讨论……同样的，在人际交往中，与别人沟通时也要讲究氛围。氛围好了，彼此的沟通就会轻松愉快，从而更有利于消除双方的戒备心理，促进沟通的顺利进行；而如果氛围不好，那么彼此的沟通就会困难重重，甚至会导致剑拔弩张，让沟通无法进行下去。

事实上，即使你的口才再好，沟通技巧再高明，可是如果没有营造良好的沟通氛围，导致沟通对象有着较强的戒备心，或是抱有抵触情绪，那么，沟通也只能是事倍功半，无法达到高效沟通的目的。

舒畅是一名口才极好的推销员，凭借良好的口才赢得了很多客户，连续几年都是公司的最佳员工。可是有一次，她却因为自己的一个失误，损失了一大笔生意，还得罪了一个客户。

那一次，她与客户约好在一家茶馆见面，这里地理位置非常好，而且环境幽雅，非常适合谈话。刚开始的时候，舒畅和客户谈得非常好，客户对她的产品也非常感兴趣，并且表现出了可以立即签约的意向。

这时，为了表示自己的心意，舒畅给客户点了一壶上好的龙井。结果，服务员在上茶的时候，不小心烫到了舒畅。舒畅立即表示了自己的不满，愤怒地找来了茶馆经理，还因此和对方争吵了起来。而这一争吵则把舒畅之前营造出来的良好氛围给打破了。

客户见舒畅为了一点小事就这样得理不饶人，便把之前对她的好印象都推翻了，觉得她并不是值得合作的人。舒畅再次与客户交谈的时候，客户已经重新竖起了心防，不再愿意和她沟通了。结果，还没等舒畅说几句话，客户就借口有急事离开了。

事后，舒畅多次想要和这位客户沟通，但是都吃了闭门羹。直到后来，她才明白过来，是自己的斤斤计较破坏了之前良好的沟通氛围，以至于失去了那么重要的客户。

其实，舒畅之前所营造的良好氛围主要是靠环境衬托出来的，因为环境的突变——舒畅和茶馆经理的争吵，她与客户之间的谈话氛围也受到了影响。

当然，从很大程度上来说，谈话氛围的变化是指谈话双方之间的气氛变化。比如某人一时失言，导致原本轻松、愉快的氛围变得尴尬起来，或是变得剑拔弩张起来；再比如某人一句幽默的话，使得原本陌生、紧张的氛围变得轻松、愉快起来。而氛围不同，沟通的效果也会不同。前者的氛围变化，会让沟通变得困难；而后者则让沟通变得顺畅。

所以，如果我们想要与人进行高效的沟通，迅速拉近与他们的心理距离，就应该好好地营造沟通的氛围。那么，如何才能营造良好的沟通氛围呢？

1.注意自己的态度，给予对方尊重和赞美。

我们应该注意自己的态度和行为，尊重对方，并且用积极的身体语言告诉对方，你对他的话题感兴趣；或是适时地赞美对方，让对方感觉到自己的重要性，让对方感觉放松和舒畅。

2.注意说话的技巧。

我们还要注意语言技巧，尽量避免说出让人感到不舒服的话。在与人交谈的时候，尽量不要使用诘问，比如：“你为什么这么固执？”“价格高？到底哪里高了？”尽量不要逼迫对方同意你的观点。不要咄咄逼人，把对方逼得无话可说……

总之，我们想要营造良好的氛围，就应该注意使用积极、正面的言语，避免使用消极、负面的言语，同时注意调动对方的情绪。氛围好了，很可能达到事半功倍的效果，沟通会因此更顺畅、和谐。

避免生硬，化建议为商讨

在生活中，没有谁会喜欢被命令、被支使，这会让人觉得自己不受尊重。每个人都喜欢展示自己，希望自己处在比别人更优越的位置，甚至喜欢用自己的观点去影响别人，这是人与生俱来的一种本性。但相应的，你有这样的渴望，别人同样有这样的渴望，没有谁会甘愿居于别人之下，成为配角。

某小区的停车位非常紧张，经常有晚归的车主停车不够规范，挡住通道，或者是挡住别人的车位。保安老张是个暴脾气的人，每天他执勤时，一旦发现有车停得不规范，马上就会查车牌查电话，然后一通电话打过去："你看看你车停的，别人怎么走？你马上下来挪车，不然别怪我们锁车！"

然后情况就是：一轮到老张执勤，物业与车主的矛盾就特别多，口角和争吵是小事，还会有车主大吵一架后拒绝挪车，甚至之后故意停车不规范借机报复物业的情况。这些让物业经理很是头疼。

其实，老张完全可以用不同的方式来处理乱停车的问题。比如可以友善一点地问："门口的车是您的吧？您停得有些不规范，挡住了其他车进出，车主很着急，我们在车这里等您，麻烦您尽快下来挪一下车。"这样的用语就会让人舒服很多，还可以避免很多不必要的争端。

后来，物业经理对老张的巡逻时间进行了调整，避开了晚间车辆回来的高峰期，换了另一位讲话比较委婉平和的保安来负责这个时段的巡逻。这样一来，整个小区都感觉到晚上平静了许多，物业经理也不用每天为和车主吵架的事发愁了。

其实，避免语气生硬这件事，与我们的生活息息相关。无论是父母管教孩子，还是领导吩咐下属，以及老师教导学生，这些场合都要注意这个问题。试想一下，一个人对你说的是："到时间了，赶紧去吃饭！"另一个人对你说的是："现在时间已经很紧迫了，准备吃饭吧，不然一会儿见朋友会迟到的。"你会更愿意听谁的话？其实，追根究底，二者的目的都一样，那就是劝你抓紧时间去吃饭，都是对你的一种关心。但很显然，前者生硬命令的语气难免会让人心中产生抵触和逆反的情绪，而后者充满关心的建议则更容易让人感到心里舒服。

所以有句话是这样说的："如果你想树立敌人，那就去压制他、命令他；但如果你渴望拥有朋友，那就收起你的骄傲和高高在上。”我们要记住，无论何时，建议都比命令更能讨人欢心。而且如果我们留意，就会发现，越是成功的人，越是身居高位的人，反而越少使用强硬的命令口吻。

一位IT界大佬的助理是这样描述他无比敬佩的上司的：

“总裁从来不会用命令的口气来指挥我们做事情。每次他把自己的想法和意见说出来之后，都会非常诚恳地让我们提意见，这让我们觉得他非常尊重并且看重我们。每次他需要改动助手起草的文件时，都会用一种商量的语气对助手说：‘这里如果改成这种形式，是不是更好一些？’通常情况下，他很少干涉手下员工的做事方法，只在有需要时才向对方伸出援手……”

从这位助理的描述中我们不难想象，他所敬佩的这位领导显然是个非常懂得尊重他人的成熟领袖，讲究以德服人，而不是用权势压人。在这样一位领导身边工作，确实是件轻松愉快的事情，也难怪这位领导能够得到助理发自内心的赞誉了。

插话、抢话，没人愿意与你多说话

在人际交往中，我们总是会遇到这样的人：他非常健谈，不管和谁都能畅快地交谈；他口才非常好，谈起什么事情都头头是道，可就是没人愿意和他多说话。

这种人为了显示自己的无所不知，处处抢别人的话。闲谈也好，讨论问题也罢，别人还没有说完，他就打断别人，急于表达自己的想法。比如几个朋友正在讨论一件事情，一个人刚说了没几句，他就不假思索地抢过话头来，滔滔不绝地讲个没完，根本不给别人插话的机会；再比如，别人正在说一件有趣的事情，还没有讲完，他就插话说："哎，这有什么好笑的。我遇到的那件事才有意思呢……"让说话的人陷入尴尬的境地。

喜欢插话、抢话的人或许是口才比较好、思维比较灵敏的人，却不是善于聊天的人，还经常把天聊“死”。他们总是随意地打断别人的话，不懂得顾及别人的情绪，时常把别人精心准备好的话题突然打断。试问，这样的人怎么会受人欢迎呢？又怎么会有人愿意与他沟通和交流呢？

我们要知道，只有好好说话，并且尊重别人，才能形成高效的沟通。如果你以自我为中心，只顾着自己说个痛快，总是随意打断别人的话，就非常容易引起别人的反感，让自己成为不被喜欢的人。

菲菲是一个非常健谈的人，不管和谁说话都喜欢掌控话语的主动权。朋友们开始的时候还不太介意，可慢慢地就不愿意和她聊天了。因为只要有她在，别人永远没有说话的机会。你刚说一句话，她就抢过了话头说个不停。你刚提出一个观点，她就反驳说：“你说得不对。”然后就开始说自己的想法，也不管别人愿意不愿意听。

比如，朋友们正在谈论一个话题，你一言我一语愉快地聊着，气氛很和谐。可是她一来，就非要打断别人的谈话，把话题拉到自己的身上，然后口若悬河地谈论着她怎样怎样。再比如，朋友刚要讲一件事情，她却不假思索地插话进来，说：“哎，这件事情我知道，它是这样的……”让对方刚刚酝酿好的情绪突然被打断。

有一次，朋友们正在谈论去丽江旅游的事，菲菲听了之后，立即说：“我前不久刚去了丽江，你们不知道，那里实在是太漂亮了！”朋友们显然不想听她说话，但还是压制着不满情绪，想等她说完之后再谈论旅游的事情。可当她们刚要谈论旅游攻略时，菲菲却再次抢过了话头，说：“哎呀，你们不要研究什么攻略，我去过那里，你们听我的就好了……”

这时一个朋友忍无可忍，便大声地说：“是啊，你什么都知道，你最厉害，行了吧！你能不能别总是抢别人的话，这还让不让别人说话了！”

菲菲还有些摸不着头脑，非常委屈地说：“我不是为你们好吗？我谈论自己的经验，难道不是为了帮助你们吗？聊天不就是随意表达自己的看法吗？”这个朋友说：“每次聊天你都随意抢别人的话，然后自己讲个没完，谁都插不上一句话。你是表达自己的看法了，可是别人呢？你以为谁愿意这样聊天？”说完，这个朋友就生气地走了，其他朋友也都离开了。只有菲菲一个人尴尬地站在那里。

培根曾说：“打断别人、乱插话的人，甚至比发言冗长者更令人生厌。”没错，随意打断别人说话是一种非常没有礼貌的行为，也是非常令人厌烦的行为。

懂得沟通技巧的人，走到哪里都不容易吃亏，能赢得别人的喜欢，就是因为他们非常善于聊天，能够顾及别人的感受，给别人说话的机会；而不懂得沟通技巧的人，走到哪里都容易吃亏，被别人孤立，因为他们总是爱抢别人的风头，不给别人说话的机会。

因此，如果我们想要高效地沟通，就应该善于倾听别人的话，避免在别人说话时插话、抢话。就算我们与别人的观点不同，也不要急着表达自己的观点，更不要抢别人的话。我们应该认真地倾听完别人的观点，然后在适当的时机发表自己的看法。这样，才能既表达了自己的观点，又不会引起别人的不快。

第七章

深度演讲：

每句话都说到听众心里

明确主题，你想让听众获得什么

在学习和工作中，你可能会在会议室面对同事、客户讲话，也可能会在大礼堂对着几百人演讲。如果你刚好是位讲师，或者从事与演讲有关的工作，那么你的演讲频率会更高，也许已经有过多次登台演讲的经历了。

演讲无处不在。

有意或无意间，你可能早已是身经百战的演讲大师了。现在静下心来思考：你明白自己为什么要演讲吗？为了聊天？为了说服客户？为了赢得掌声？这些似乎都是理由，但又无法体现演讲的内涵和目的。我们现在来总结一下。

演讲是一项目的性非常明确的活动。演讲者以有声语言为主要手段，以体态语言为辅助手段，针对某个具体问题或主题，鲜明、完整地发表自己的见解和主张，阐明事理或抒发情感。这是演讲者和听众之间的一种语言交际活动。

对演讲者而言，演讲的方式可能千变万化，但归根结底目的只有一个，那就是获得听众的认同感。与同事聊天，获得认同感之后才能愉悦交流；同客户谈判，获得认同感才能达成合作；就算是对着几百人演讲，认同感也是演讲成功的关键因素。一句话：演讲，就是为了获得听众的认同感。

这样的目的是基础，在这个基础上，我们才能按照自己的习惯开始演讲。我们要让听众知道他们是谁，他们能成为一个什么样的人，他们能获得什么样的好处，是什么让他们不同于其他人……从而鼓励他们变得更好。有了“认同感”这个目标的指引，我们就能在演讲中不断向听众靠拢，从而获得更好的演讲效果。

这其实很容易理解，就如同喝水的时候，我们知道自己为什么要喝水。原因很简单——口渴。只有口渴的时候，我们才会大口喝水。所以，在演讲的时候，我们一定要清楚自己为什么而演讲。虽然这个问题很容易找到答案，但我们还是要弄清楚，不然演讲很难成功。

不用担心听众没有“喝水”的需求，他们既然来听演讲，就说明有“喝水”的需求。找准他们的需求点，你的演讲就已经成功了一大半。

在一次某电视台举办的演讲比赛中，一位参赛选手面带微笑，侃侃而谈。他对自己的演讲能力很自信，认为自己必定能征服所有的评委。可是，在演讲结束后，评委们却一致给出了很低的分数。他不服气地质问评委，为什么自己的演讲那么出色，分数却这么低。

一个评委说："我承认，你的口才了得，也能恰到好处地在演讲中加入情感。可是，你演讲的重点却始终围绕着我们几个评委，而忽略了听众。所以，我们不能给你高分！"

选手不以为然地说："我为什么要围绕听众演讲？他们又不会给我打分，让评委喜欢就够了。"

"评委喜欢就够了吗？"另一个评委说，"你的演讲不是给某个人听的，即便他是评委。一场演讲面对的是所有听众，要用听众理解的方式，向他们传递有价值的思想。演讲得不到听众的认可，他们又凭什么在你身上浪费时间呢？"

选手顿时哑口无言。

评委说得很对——演讲得不到听众的认可，他们又凭什么在你身上浪费时间呢？要知道，演讲者在台上付出了辛劳，听众在台下也付出了很多，他们付出了时间、精力和情感。如果听到的只是一些和自己毫不相干的内容，听众又怎么会买账？

所以每次演讲，演讲者都要明确主题，知道自己是为了获得听众的认同感而演讲。千万不要以为自己口才了得，就不把听众当回事。你藐视听众，听众必定会同样藐视你。

那么，怎样才能获得听众的认同感呢？作为演讲者，我们必须时刻保持这样的信念：了解自己的听众，知道他们所关心、害怕和觉得重要的东西是什么，还要了解他们想要从演讲中得到什么。这些都很重要，有助于演讲者获得听众的认同。

一个好的演讲者，之所以能够获得听众喜爱，引起听众共鸣，并不是因为他的演讲有多么频繁。相反，很多优秀的演讲者，恰恰是因为演讲稀少而闻名于世。那么他们是怎样征服听众的呢？

他们十分清楚自己为什么而演讲，知道演讲的价值是什么。

问题又来了：为了获得认同感，很多演讲者在演讲前，会把听众的需求列成一个长长的单子。他们认为，尽可能多地满足听众的需求，就能打动听众，获得他们的认同。这其实陷入了另一个误区——过犹不及。

在演讲中有一个“三事原则”，意思是如果你严格要求自己，那么听众的需求就可以被归纳为三件事。听演讲对于听众来说本就是一件耗费精力的事，如果你的演讲过于冗长，听众即便认可你的观点，也可能产生厌烦感。一旦产生了厌烦感，那么听众好不容易才产生的认同感，很快就会消失不见了。

所以，在演讲开始前要明确主题，知道自己为什么演讲。然后，把听众关心和觉得重要的东西，用最简洁生动的语言讲出来。这样的演讲，最容易获得听众的认同。

找准对象，你的听众是谁

中医治病时，讲究望闻问切。什么意思呢？“望”指的是观气色，“闻”指的是听声息，“问”指的是询问症状，“切”指的是摸脉象。中医认为，望闻问切是对症下药的重要依据。因为，通过望闻问切，可以知道患者的病症。

其实，演讲也是一个对症下药的过程。听众为什么来听你的演讲？因为他们有需要解决的问题。所以在演讲中，你是“医者”，而听众是“患者”，恰到好处地解决他们的问题，演讲才能水到渠成。

那么，我们应该如何对症下药呢？最重要的一点，是先知道听众是谁。一位患者来就诊，医生对他望闻问切，其实就是在了解他的基本情况。他的神、色、形、态怎么样？他的声息高低、强弱、清浊如何？他有没有什么家族病史，吃过什么东西？他的脉象正常不正常？了解患者的身体情况之后，医生就可以对症下药了。同样，演讲者也要充分了解听众的基本情况，这样才能有针对性地演讲，才能让演讲切实解决听众的问题，才能更加深入人心。

那么，怎样认识和了解听众呢？

演讲者要在演讲前对听众进行调查，了解他们在社会中扮演的角色，他们的工作性质和自身的关联性，等等。掌握了这些，就如同了解了听众的基本“病因”，才能进行有针对性的演讲。通常来说，演讲者对听众了解得越多，理解得越深刻，就越容易把话讲到他们心里，获得他们的认同。

具体来说，对听众的认识和了解，可以从以下几个方面着手。

第一，了解听众的受教育程度。

也许有演讲者会问，听众的受教育程度和演讲有关系吗？有关系，而且关系很大。举例来说，一个大学生和一个小学生，他们的理解能力和接受能力能一样吗？当然不一样！在演讲中，我们可以给大学生讲金融、谈历史，但对小学生却不能讲这些。因为他们的知识储备有限，这些内容他们根本不懂，那演讲对他们来说就毫无用处了，更不用说获得认同了。

所以，演讲者在演讲之前，一定要事先了解听众的受教育程度，以便对自己的演讲进行内容深度和知识宽度的丈量。这样，我们的演讲内容才更容易被台下的听众理解和接受。

第二，了解听众的年龄阶段。

为什么要注重年龄阶段呢？很简单，因为听众的年龄和他们的阅历、理解能力息息相关。换句话说，对不同年龄段的听众，演讲者需要用不同的演讲模式，这样他们才能听得懂。

这很容易理解。比如，如果我们在小学里，给一群小学三年级的学生演讲，那么内容一定要浅显易懂，否则他们就会听不懂。假如演讲对象换成二十多岁的年轻人，我们对他们讲过去的苦生活，他们虽然能听懂，但因为没有经历过，所以很难有直观感受，也就很难有共鸣了。如果听众换成六七十岁的老人，那就另当别论了，他们大多经历过苦生活，能够感同身受。

所以，在演讲的时候，要注意了解听众的年龄状况，进而选择适当的演讲内容。

第三，了解听众的个人信仰。

有些演讲者会觉得奇怪——演讲和个人信仰有关系吗？有关系！从心理学上来讲，听众的信仰要比他们的受教育程度和年龄重要得多。这又是为什么呢？原因很简单。

信仰和一个人内心的世界有着很大关联，演讲者必须尊重听众的信仰。

所以，在演讲之前，最好对台下听众的信仰做个调查，以免出现不必要的尴尬。当然，如果可以根据听众的信仰，有针对性地进行演讲，那就更容易引起听众的兴趣了。

第四，清楚听众的性别比例。

很多演讲者往往会忽略这个问题，认为听众的性别无关紧要。这种想法显然是进了误区。怎么会无关紧要呢？男性喜欢听什么，女性喜欢听什么，这些都对演讲效果至关重要。

所以，当听众多是男性时，你要多讲一些关于军事、政治、房产等的话题，他们喜欢听这些；当听众多是女性时，你要多讲一些关于时尚、购物等的话题，她们则喜欢听这些。当然，大多数时候，听众是男女参半的，那该怎么办呢？可以讲一些两者都感兴趣的话题，比如情感、工作等。切记：话题千万不要交互着讲。这是什么意思呢？就是不要在女性面前讲男性感兴趣的话题，也不要在男性面前讲女性感兴趣的话题，否则会适得其反，引起不必要的麻烦。

其实，除了年龄、教育、信仰、性别外，还有很多因素可以帮助演讲者打动听众，比如职业、爱好、经历等。举例来说，如果你在一家金融公司演讲，那么演讲的主题与教育相关合适吗？听众的职业决定了他们可能对金融相关的话题更感兴趣，也更容易理解。所以，尽可能多地去认识、了解听众，是演讲成功的基础，也是决定性因素。

演讲是一门艺术，要想把这门艺术修炼到极致，我们需要多方面、全方位地了解。而了解听众，只是其中一个环节，一个必要的基础过程。我们对听众了解得越详细，就越容易看清听众的内心需求，也就越容易满足他们的内心需求。反之，如果我们根本不了解自己的听众，那么就算舌灿莲花又有什么用呢？如果他们想听东，你却说到西，他们想听军事，你却谈养生，那么对听众一无所知会让你的演讲变成独角戏，这样又有谁肯买你的账呢？

表达尊重，听众是你的支持者

演讲者与听众之间是平等的，说的人并不比听的人高一等，这是所有演讲者在演讲之前都应该树立的正确观念。演讲的人不管是主动还是被动的，只要是准备分享出自己的思想，就应该尊重听你说话的人。别以为听众听不出你的情绪来，真诚还是敷衍，他们从你说的第一句话中就能感觉出来。

舞台表演者常说“衣食父母”这四个字，对于演讲者来说，听众也可以说是我们的衣食父母。带着这种尊重的心理，赢得听众的支持，这才是一个演讲者应该有的素养。

许多演讲者都遇到过这种情况：明明演讲的时间到了，自己也做好了准备，但是大厅里却闹哄哄的，听众各聊各的，很明显他们还没有做好准备。许多不专业的演讲者一看到这种场面，马上就失去了耐心，板着脸走上台，利用麦克风的优势，说出了类似训斥的话语："好了，大家都不要说话了，时间到了，我们开始今天的内容。"

此时听众的心里肯定是不舒畅的，认为演讲的人一点儿不尊重人。接下来，听众都不愿意捧场了。得不到大家支持的演讲者，注定会演讲失败。

而对听众心存敬畏的演讲者，则有自己的一套方法。比如有一位演讲者见多了这种场面，明白听众并不是不想听，而是没做好准备。他会在演讲开始前的四五分钟播放自己做的PPT，里面有音乐或视频的链接。开始播放后，许多人都停下了自己的小动作，等到PPT播放完，自然就进入了主题。这可比训斥性的话语强多了。

这种区别并不在于有没有演讲经验，而在于演讲者在心中将听众放在什么位置。不把听众当回事，缺乏尊重，就会持傲慢的态度，居高临下地面对听众；而把听众当成朋友，相互探讨、交流，让自己的演讲内容服务于听众，这样才能得到听众的反馈与支持。把别人当作傻瓜，自己也做不出多么聪明的事情。

欧阳自远是中科院院士。他有一项工作很繁重，就是每年都要做科普报告，实际上就是做科学方面的演讲。他的演讲内容与地质研究、天体化学、月球探测等知识有关，这听起来就比较深奥。但是他说过一句话："如果听众没听懂，或者觉得没意思，那一定是讲话人的问题。”换句话说，他说的东西如果听众听不懂，他不觉得是对方理解力差，而是自己的解说方法不对。这就是对听众尊重的态度。

在演讲的过程中，欧阳院士还遇到过许多质疑，因为科普的对象是大众，理解能力参差不齐。所以在欧阳院士讲授的时候，现场经常会出现很多质疑的声音：“为什么去月球而不去其他星球？”“这样的运行原理不对吧？”如果换了其他不尊重听众的演讲者，听到这种言论，恐怕早就恼怒了。但是欧阳院士不一样，他觉得这是一种交流：“这不是在挑我的刺儿，要平心静气地沟通与交流。”一句话，就看出他的风度与胸怀，“尊重”二字不是说说而已，而是发自内心地尊重对方。

做科普演讲不容易，但是欧阳院士说：“首先要调整好心态，这种态度不是居高临下地讲解知识，而是和朋友平等交谈，和大家交流理解和认识。宣讲式的科普是失败的，只传播知识的科普是低层次的，做到彼此思想交流才是最好的，蕴含科学精神和思想方法，融合人文精神。”思想交流才是最高级的演讲，而前提就是像欧阳院士所说，大家一定要调整好心态，学会尊重听众。

许多有名的演讲家在上台之后做的第一件事情就是鞠躬。向谁鞠躬？当然是坐在台下的听众。这是表达尊重，也是一种礼貌。一个动作做完，通常听众会报以热烈的掌声。这又是什么意思呢？通俗地说，这就是捧场。有人说尊重听众有什么用呢？现在我们来看看下面这两个人的故事。

国外有两个很有名气的演讲家。其中一个上台前热情洋溢，颇为激动，上台之后首先向大家鞠躬问好，礼仪到位，让人感觉很舒服。而另一个则是冷若冰霜、不苟言笑，上台之后也没有什么互动环节，直接开始自己的演讲，让听众感觉他自大、没礼貌。

久而久之，这两人的名气差距越来越大。那位把听众视若贵宾的演讲家名声好、人气高。而另一个呢？因为听众对他的评价不好，他的演讲越来越不受欢迎了。而他却一直没有改变自己的态度与做法，仍认为听众什么都不懂，不值得尊重。抱着这种想法，怎么可能获得成功呢？

听众的支持对演讲者来说就是动力，没有人支持的演讲又有什么意义呢？只有演讲者与听众一条心，不以“上位者”自居，才能共同完成一场有思想交流的演讲。而开口说话的是演讲的人，他的态度决定着听众的态度。

巧借道具，凸显演讲主题

道具，是为你的演讲锦上添花的好东西。很多人虽然已经在演讲上很有经验了，却还是会忽视道具的重要性。道具在演讲当中可以扮演多种多样的角色。有道具的演讲和没有道具的演讲虽然不会有本质上的区别，但是对听众的影响却是巨大的。大家都懂眼见为实的道理，而道具能够让现场的听众直观地看到你所展示出来的东西，更能够增加我们演讲的说服力。

著名的教育家陶行知先生在武汉大学做过一次让人印象非常深刻的演讲。在演讲开始的时候，陶行知先生没有说一句话，反而从随身携带的箱子里拿出了一只大公鸡。就在台下听众一脸错愕的时候，陶先生又拿出了一把米，撒在了桌子上。

在听众疑惑的目光中，陶行知先生把手放在大公鸡的头上，用力地将它按在了米粒前。大公鸡不仅没吃米，反而激烈地挣扎起来。随后，陶行知先生又将大公鸡的嘴掰开，向大公鸡嘴里喂米，但大公鸡还是不领情，拒绝吃米。

最后，陶行知先生放开了大公鸡。过了一会儿，它自己走到撒米的地方，欢快地吃了起来。这个时候，陶行知先生才说了演讲的第一句话："我认为，教育就跟喂鸡一样。老师强迫学生学习，硬将知识灌输给他们，他们是不情愿的。即便是学了，也不会成为他们自己的东西……"

陶行知先生在演讲之前采用道具，活灵活现地为在场的听众展示了自己要讲的主题。当陶行知先生开始演讲的时候，场下没有任何一个听众会质疑他所说的内容的正确性。毕竟事实就摆在眼前，在场的所有人都看见了，这增加了演讲的说服力。

演讲的时候活用道具，是有着很多好处的。使用道具能够让你的演讲更加流畅。很少有演讲是一气呵成的，特别是那种时间较长的演讲，在演讲时往往会围绕一个大的主题讲很多个小的主题。那么，这些小主题之间的衔接就成了难题。如果不加以说明，很多听众就感受不到主题之间的变化。而如果说得太明白了，又会让听众觉得冗长，失去了全身心沉浸在演讲当中的体验。

使用道具就能够很好地解决这个问题。当你结束了一个主题，开始另外一个主题的时候，只要将准备好的道具拿出来，这种直观的方式可以让听众立刻发现主题的变化，快速调整状态，投入新的内容中。

在演讲的时候使用道具能够让演讲的主题更加突出、更加深刻。在演讲的过程中，主题是比较难把握的。说得太密集，演讲就会变得无聊；而说得太松散，听众又记不住。在演讲的时候，如果想要让听众记住主题，最好有一样能够贯穿演讲始终的东西。单纯地使用语言，难度是非常大的，但使用道具就不一样了。例如，在陶行知先生的演讲中，他使用大公鸡加深所有听众的印象，那么，在演讲结束之后，人们只要看见大公鸡，就能够想起这场演讲的主题。

在演讲的时候使用道具，能够深化主题，也能够让听众对演讲的内容记忆更加深刻。特别是在演讲的末尾拿出道具，听众的印象会更加深刻。鲁迅先生进行演讲的时候就经常使用道具，而且会将一些道具在演讲的结尾才拿出来，让演讲的开头和结尾得到呼应，令听众回味无穷。

演讲本身是以语言为主体的，但是想要深化演讲的主题，就需要借助一些更加直观的东西，比如道具、表格等。这些肉眼能够看见的东西要比语言更有说服力，更加能够让人印象深刻。在演讲当中，我们要学会活用道具，让我们的演讲更加出色。

首尾呼应，深化演讲主题

一场演讲要持续多长时间呢？这个问题是见仁见智的。有些人认为45分钟左右最好，因为在这段时间里，听众能够很好地保持专注，演讲者的演讲水平也能从头到尾保持一致。而有些人认为，演讲在20分钟左右最为适宜。一场演讲并不需要冗长的内容，只要将自己想要表达的东西说清楚，过程充满激情，富有感染力就够了。

其实，演讲的时间不是由演讲者定的，而是由很多客观因素决定的。那些短的演讲比较容易掌控节奏，能够保证演讲内容的一致性，能够让听众记住演讲的内容是什么。而一些较长的演讲，往往要就一个主题说多个问题。这种情况下，在演讲结束的时候还能让听众记住你今天主要讲的是什么，就非常重要了。

我们不断强调深化主题这件事情，其实所谓的深化主题就是让听众加深印象，让听众记得我们今天说了什么。不管是当场被说服的听众，还是对我们的观点将信将疑的听众，能够在我们演讲结束以后还记得我们说了什么，还会去思考，那么这场演讲才算是成功的演讲。我们无法得知演讲是否说到了听众的心坎里，也不能确定我们所讲的内容是否能够帮到听众。我们所能做到的是，在演讲结束后，让听众还能记住我们演讲的主题是什么。想要做到这点，最简单、最有效的方法，就是首尾呼应。

有一篇演讲，叫《井下工有颗金子般的心》。演讲的开头是这样的：

> 你了解井下工吗？井下工，从名字就可以得知，他们是在矿井下工作的工人。这项工作非常危险，但是了解的人却很少。人们看待井下工的时候经常带有误解，但是不管有多少误解，不能否认的是他们用自己的两条臂膀扛起了整座矿山。可以说，每个井下工都有一颗金子般的心。

接着，演讲者列举了三个具体事例，讲述了井下工的大公无私、英勇无畏、为国家做贡献。而结尾部分，是这样的：

> 朋友们，每个人都知道黄金是宝贵的，但是在矿井当中，却有一样东西比黄金更加宝贵，那就是井下工金子一

般的心。如果每个行业的人都能够像井下工一样，在自己的岗位上兢兢业业、竭尽全力，无私地奉献自己的才能和力量，那么我们的国家必将更加强大、更加富裕。愿我们都有一颗金子般的心！

这篇演讲就很好地做到了首尾呼应，首尾相接成环，紧紧相扣。在场的听众不会忘记这场演讲的主题：井下工有颗金子般的心。做到了这一点，这场演讲就算成功了一半。如果说在演讲结束以后，听众迅速忘记了这场演讲的主题，只是沉浸在几个巧妙的故事当中，那么即使这场演讲再精彩也不算成功。

当然，首尾呼应也不是任何时候都能够使用的。使用首尾呼应能够让你的演讲结构更加紧凑，能够让你的主题更加深刻，能够让听众对你的演讲留下更深的印象。但是，如果错误地使用首尾呼应，不仅不会让主题深化，反而会淡化主题。

想要运用首尾呼应，那么演讲必须有一个深刻的主题。很多演讲并不是围绕一个主题进行的，例如以教学为目的的演讲、以抒情为目的的演讲。这些演讲都有主题，但并不集中。这样的演讲就不能使用首尾呼应的方式，而应提炼出演讲的核心内容作为收尾。如果贸然使用首尾呼应，听众只会记住你演讲的开头和结尾，而不是真正重要的主题。

首尾呼应并不是演讲中一定要使用的技巧。演讲的技巧有很多种，开篇不点明主题，却设置悬念的演讲也不罕见。这种演讲就无须强求首尾呼应。开始的时候只有一个故事、一个例子或一个悬念，并没有强调中心思想和主题，因此也就不具备呼应的必要性。中心思想和主题即便是在演讲中间出现，我们也可以进行呼应，再次强化听众的记忆。

当然，想要有一个好的结尾，除了让结尾富有功能性，言之有物之外，还要运用情感和技巧。将所有的注意力放在如何呼应这件事情上，是得不偿失的。我们要将呼应作为内容，将其他的技巧放在里面，这样才能使演讲有一个完美的结尾。

动用情感策略，增强感染力

演讲想要说服听众，可以使用的方法有很多。演讲者经常使用的一种方法是从情感上让听众信服。

每个人都有一些愿意相信的人，也有不愿意相信的人。面对一个不熟悉的人的时候，是否要信任他，如果信任，那么信任度是多少，这就由人们的情感决定了。只要听众对你产生了亲近感，获得听众的信任就变得非常简单，说服听众的难度也就大大降低了。

强烈的情感爆发可以唤醒听众的情感，演讲者的热情也能够点燃听众的热情。只要演讲者在演讲当中有足够的情感爆发，就能够让听众用同样热烈的情感进行回应。这与演讲内容无关，即便是较为枯燥的学术性的内容，也同样能获得非常好的效果。

美国有一位奥利佛·罗基爵士，他本人并不是一位出色的演讲家。他是一位学者、科学家，研究原子的时间长达50年。在他就自己的研究项目“原子与世界”进行演讲的时候，他作了一个超越了众多演讲家的演讲。

在这场演讲中，他似乎根本没有意识到自己是在演讲，他只是将自己50年研究所得的结果告诉在场的听众。研究已经成为他的人生支柱，成为他无法割舍的重要部分。在这场演讲中，他表现得激情四射、热血沸腾、充满感情。在场所有的听众都被他的演讲吸引，被他的热情感染了。

或许我们每次演讲的内容都不相同，或许我们不能总是对我们演讲的内容充满热情。但是，热情与专注是感染听众的重要工具。我们要保证我们演讲的气氛是高昂的、热烈的。如果演讲现场的气氛是低迷且沉重的，而不是热情的，那么无疑这场演讲是无法感染听众的，是无法获得听众的肯定的。

演讲时除了要充满激情外，我们还可以和听众聊些演讲时很少说的事情，例如我们的心里话。每个人都有倾诉的欲望，但是我们能够倾诉的人却不多。只有那些值得我们信任的人以及我们重视的人，才能成为我们的倾诉对象。而倾听我们倾诉的人，同样也会对我们产生信任感，因为对方先得到了我们的信任，所以也会投桃报李。我们在演讲的过程中同样可以利用这种心态。

某中学为了宣扬传统美德，请一位演讲者来学校演讲。在演讲开始之前，学校的管理人员非常担心演讲无法获得好的效果，因为学生大多处在叛逆期，学业繁重，和父母的沟通又不多。结果，这场演讲的效果好得出乎意料。

这位演讲者在演讲开始没多久，就说起了心里话。他所演讲的主题是孝顺父母，在讲了一些老生常谈的内容以后，便开始讲述发生在自己身上的故事。

他说，自己当年叛逆的时候，不懂父母对他的好，直到自己为人父母的时候才懂得。在他最困难的时候，支持他的只有父母；而在他得意的时候，父母却从来没有对他提出过什么要求。当他讲到自己父母过世时，在场的学生已经有不少泣不成声了。

这场演讲非常成功，主要是因为这位演讲者运用了说心里话的技巧。他讲述了亲身经历，成功将在场的学生带入所讲的故事当中，这样做不会有任何违和的感觉。所以，他赢得了在场学生的信任，进而感染了所有的学生。

人的情感是非常丰富的。正是因为人性当中有善良的一面，所以人们才会喜欢那些正能量的东西。我们要多多利用这一点，用那些正能量来调动听众的感情，让我们的演讲除了语言的感染力之外，还有其他方面的感染力。

我们可以使用语气的感染力、态度的感染力，让听众感受到我们的热情，感受到我们的态度，感受到我们的专注与真诚。

除此之外，我们还可以和听众说说心里话。心里话其实更有感染力，更能赢得听众的信任，同时也能够让我们的演讲更有说服力。

要想从情感上获得优势，就要学会表现弱势的一面，善用善良的力量。

同情心是人类时常会产生的一种心理。我们在演讲当中同样可以利用听众的同情心来获得他们的信任，进而获得说服他人的力量。那么，究竟是什么样的人才能够获得更多的同情呢？

美国心理学家曾经做过一个实验，观察人们对过马路的人的态度。心理学家发现，当老年人、儿童、孕妇或者是残疾人过马路的时候，路人都会礼让和帮助他们。但是，如果是身体健壮的年轻男子，那么愿意让路的人就很少了。这个实验说明了什么呢？显而易见，那就是弱者相比强者更容易获得陌生人的同情。

如果我们能够获得其他人的同情，那么随之而来的还有亲切感和共鸣。在演讲的时候，我们可以将赢得听众的同情作为一种技巧来使用，以获得更多的帮助。特别是在竞争的时候，这能够帮助我们获得优势。这种能够帮我们扭转局势的技巧，就是脆弱的力量。

示弱，并不是一件丢脸的事情。在这个世界上，有谁没有经历过失败呢？有谁不曾遇到过困境呢？失败是一件很正常的事情，将失败的事情告诉别人，不仅不会让人觉得你是无能的人，反而能证明你是坚忍不拔的，敢做敢当的，勇敢的人。人们不会看不起弱小的人，但是会看不起懦弱的人。

在演讲时，适当示弱，获得更多的同情，是获得听众支持的一种方法。但是，在示弱的过程中，我们要展示的是客观的“弱”，例如糟糕的运气、自然灾害等客观存在、我们无法改变的东西。而主观方面的“弱”，是我们需要改变的东西，是我们需要抛弃的东西。这些东西可以存在于我们的过去，但是绝对不能存在于我们的现在和未来，否则不仅不能让听众同情你，反而会让他们认为你的遭遇是自作自受。

说话接地气，拉近与听众的距离

构成演讲的主体有两个：演讲者和接受者。当一个人面对一群人讲话的时候，首先应该明白一件事：这些接收信息的人，他们虽然有共性，但更多的是个性。来听演讲的人，有男士也有女士，有年轻人也有老者，虽然他们此刻有一个共同的身份——听众，但是他们来自不同的地方，不光性格各异，经历和思想更是千差万别。

所以能不能顺利地完成一场演讲，开场很重要。如果一开口就与听众拉开了距离，那么这场演讲的效果就会大打折扣，因为这种时刻，距离无法产生美，反而会产生隔膜。所以，演讲者从一开场就应该做好充分的沟通准备，以不变应万变。想要打开通往听众内心的大门，就要读懂听众的诉求和愿望，与大家打成一片，以自己人的身份沟通，必然会容易许多。

一位演讲者喜欢观察听众，还没上台演讲就做到了对听众有基本的了解。比如，他注意到来的大多是中年男女，那么他便会以中年人关心的话题作为引子，引起大家的兴趣。只见他走到人群中，开始跟大家聊起来：“最近有个说法，我不太喜欢。说中年人油腻，男人叫‘油腻大叔’，女人叫‘油腻大妈’！很让人生气，你们看我这个中年人油腻吗？”听到这里，许多本来拿出手机的听众很自然地放下了手机，开始观察这个演讲者，思路开始跟着演讲者走。

这是为什么呢？大家听他说话，本来没有多少参与度，但是听到他开头说的是中年人遇到的被调侃的问题，就产生了好奇心。因为在场的大多数都是中年人，他这么一说，听众感觉这个话题与自己很密切，这种趋同心理促使大家对他产生兴趣，对他说的话也能保持接受和思考的态度。他并没有一上来就讲大道理，而是用一些通俗易懂的话语、接地气的话题，吸引了听众的注意力。此时再引出此次演讲的主题，自然是水到渠成。

一位成功的企业家被邀请回母校演讲，传授成功的经验。当晚，全体学生被老师要求来到大礼堂听演讲。当礼堂安静下来，企业家上了台，看了看台下的学生们，发现了问题。有的学生坐姿标准，眼神期待，而有的学生则是面无表情，毫无兴趣的样子。

不过企业家面带笑容，开始了他的演讲："别看我现在是个大叔，但是往前推25年，我跟大家一样也是学生。而且那时候，我跟在座的许多同学一样，讨厌一切形式的说教，能让我佩服的人很少。当然最崇拜的还是那几位大球星！现在我有机会重新回到这里，看到大家，觉得自己真是个幸运的人。今天不谈什么合同和业绩，就在这里跟大家说说话。这是我的荣幸，不知道你们愿意吗？"

等待他的不是冷场，而是雷鸣般的掌声，还有一些尖锐的口哨声。在场的老师听到口哨声极为不满，但是这位演讲者却做了一件让师生都很惊诧的事情：他在台上也跟着大家吹起了口哨！如此一来，学生们丢掉了偏见，也没有人再窃窃私语了，都用期待的眼神看着这位比他们大几十岁，但是与他们没有代沟的成功学长。

这位演讲者是非常聪明的，他知道学生们听惯了大道理，产生了厌烦感。一个成年人想要获得他们的注意力，说话就得好玩又好懂，让孩子们感觉他是他们的学长，与他们有相似的经历，也知道他们的痛点。如果你在场，会不会立马把这位企业家当成自己人呢？自己人说的话，自然是要好好听的。

俗话说，万事开头难。演讲也一样。同一个主题，如果面对不同的听众，老是用同一个开头肯定是不行的。听众不一样，演讲的效果就会因为简短的开头变得截然不同。能不能拉近与大家的距离，这就要看你开场说的话是不是足够接地气了，要让不同层次的听众都可以感受到你的诚意。

说话接地气，并不是指讲话方式，而是想象听众可能会有什么样的经历，他们与自己的演讲内容有着什么样的关联，自己如何表达出来，才能让他们觉得有趣而又实用。这就要求演讲者反应迅速，这样才能快速拉近双方之间的距离。反之，官话、套话都是不可取的，原因就在此。试想，演讲的人在台上，一张口就是："今天给大家讲一下宇宙黑洞。学习过天文知识的人都知道……"但台下坐着的是什么人？小学生！可想而知，这样的演讲势必不会取得太好的效果。

其实演讲并不难，难的是处理好自己与听众的关系。许多人认为听众没什么了不起的，就是坐在那里听自己演讲。这是非常错误的想法。虽然听众一般不会说什么话，但他们不仅仅是信息的接受者，更重要的身份是反馈者。听众反馈好，演讲者便能感受到配合与支持；而反馈不好，演讲者就会出现消极的情绪。消极情绪会干扰演讲者的正常发挥。如果听众表现出一种敌对的状态，演讲的效果更是会大打折扣。

一次好演讲，一定要有一个好故事

故事，是演讲当中不可缺少的部分。如果全场只讲你想要表达的观点，只说你的想法，那么整场演讲必然会显得格外枯燥乏味。我们在演讲的过程中，必须加入故事，否则演讲的效果就不能得到保证。

什么样的演讲才是成功的演讲？一场好的演讲至少要做到以下几点：在场的绝大多数人能够听懂；能够引发大部分听懂的人的共鸣；在演讲结束以后，产生共鸣的那些人能在一段时间里记得演讲的内容，并且愿意讲述给其他人听。前两点几乎是所有演讲者都在拼命追求的东西，但是人们往往忽略了最后一点。真正好的演讲，是能够给人们留下深刻印象的，是能够让人们愿意主动向他人传递演讲中的思想的。

在一场演讲当中最让人印象深刻的就是故事。三个月内，听众就会忘记演讲的绝大部分内容，而故事却能够长久地留存在听众的脑海中。如果这个故事非常精妙，那么还可以继续传播。如果我们每次演讲当中都能有好的故事，那么我们的演讲就会被更多的人记住更久，以达到传递思想的目的。

某地的交通部门为了向大学生普及交通安全知识，在各大学开展了巡回演讲活动。前几次的演讲效果并不好，场下的学生们大都听得昏昏欲睡，在演讲结束以后都迅速离开了演讲现场。几个星期以后，让参加演讲的学生填写一份问卷的时候，多数人无法回答出演讲中讲过的问题。交通部门为了改善演讲效果，向一位著名的演讲大师求助，演讲大师给出的解决方法就是在演讲当中穿插一些故事。

于是，在接下来的几次演讲中，演讲者在演讲中加入了一些因为不遵守交通规则而引发悲剧的案例。这次演讲就起到了应有的效果，一众学生听得聚精会神，一个打瞌睡的都没有。

在演讲结束以后，很多充满好奇心的学生和比较谨慎的学生还主动前来询问一些刚才没有听懂的问题。几个星期以后，让学生填写问卷时，绝大多数听了演讲的学生还记得上次讲过的内容，甚至一部分学生能够记住案例中的细节。

故事并不是演讲的主要内容，但却能承载演讲的主要内容。故事未必会阐明我们想要说什么，但是故事结束以后我们再进行解释，会让听众印象更加深刻。每当他们在生活当中遇到与故事类似的事情，甚至只是遇到了一个与故事当中的主角很像的人时，演讲的内容就会重新回到他们的脑海。

在我们演讲的时候，很多内容是非常抽象的。这部分内容可能是数据，可能是行为，可能是概念，也可能是关于未来趋势的猜想。不管是哪一种，都是不那么好理解的，都是让人觉得很不具体的内容。但是，如果我们能够讲一个故事，用故事来使我们要说的内容或者是已经说了的内容具体化，那么演讲的效果就会好很多。抽象的内容将不再抽象，难懂的内容也可以随着故事的讲解而使听众有全新的理解。

对于演讲者来说，故事只是演讲当中很小的一部分，却也可能是花心思最多的部分；对于听众来说，一个好的故事可能就是一场演讲的全部。特别是一些比较艰涩的内容，如果没有足够的故事作为载体，那么当你讲完以后听众们可能就忘得差不多了。而如果有故事作为可靠的载体，即便听众已经忘记了你说的是什么，只要故事足够好，足够让人印象深刻，那么他总会想起来的。

我们要重视故事的力量。故事不一定是为了演讲而准备的，但是演讲却一定要准备故事。没有故事的演讲是晦涩的，是难懂的，是无趣的。即便我们演讲的时候，所要说的内容都是非常关键的，非常有价值的，但是适当地加入一些故事会让演讲更加生动，更加具有生命力。一个好的故事，有些时候就是人们能够记住的一场演讲的全部。

故事非常重要，我们已经再三强调了这件事情。但是，故事不是随便讲的，也不是所有的故事都能为你的演讲锦上添花。在讲故事的时候，我们有太多需要注意的东西，不管是故事的获取、选择、主题，还是故事的主体，都是非常重要的。如果做不好这些准备，那么讲故事这件事情不仅会难以实现，甚至还会起到负面效果。在接下来的章节里，我们会对这些内容一一讲解。

第八章

沟通定律：

巧用心理学，成为说话高手

坚信定律：
先说服自己，再说服别人

“当你能够一直坚信某件事情时，到最后它就会变为事实。”在心理学上，我们将其称为“坚信定律”。

信念是成功的必备因素。不管你想要做什么，或者你想要说服别人什么，首先你自己得相信自己能做到，相信自己所说的一切能实现，只有先说服了自己，才有可能去说服别人。

从20世纪初开始，田径运动中就有一种说法——“梦幻一英里”，指的就是在四分钟以内跑完一英里（英里，英制长度单位，1英里≈1.61千米）。这个目标之所以被冠上“梦幻”之名，是因为在无数人看来，这是一个不可能完成的目标，也是无数田径运动员的梦想。

在很多年里，无数的田径运动员和心理学家都研究过“梦幻一英里”，甚至有一些研究者在进行科学的研究分析之后，还总结出了实现这个伟大目标的一些必备条件。他们认为，要让“梦幻一英里”成为现实，就必须在气温条件大约华氏68度（20摄氏度）的情况下进行，因为这个温度是最适宜田径运动员身体状况的，能够让他们发挥出最大的潜力；此外，用来奔跑的赛道必须是坚硬干燥的土地赛道，并且在奔跑的过程中不能有风。只有满足了这些条件，把所有状况都调节至最佳的理想状态，运动员们才可能将“梦幻一英里”变成现实。

众所周知，在物理学中，所谓的“理想状态”是一个存在于概念和设想中的状况，在现实环境下是不可能实现的。这些被研究者们总结出来的实现“梦幻一英里”的理想状态也是如此，基本不可能在现实环境中实现。既然如此，是不是说明“梦幻一英里”注定只能是一个梦呢？

然而，有一个人却不相信，他始终坚定不移地认为，只要足够努力，这个目标就一定可以实现，事实上，他也一直为此而努力着。这个人名叫罗杰·班尼斯特，是一位极具天赋，并且非常努力的田径运动员。

虽然人们都很认可罗杰·班尼斯特的才能，但没有人相信他能完成这个目标。大家不过当他是年少轻狂罢了，毕竟这可是“梦幻一英里”啊！它注定是梦，怎么可能变为现实呢？

但令人惊讶的是，就在1954年5月6日这一天，罗杰·班尼斯特突破了四分钟内跑完一英里的大关，让这个几乎不可能的任务成为现实。更令人难以置信的是，在完成这个梦幻目标的过程中，罗杰·班尼斯特一直顶着每小时15英里的逆风——是的，逆风！完全不符合理想状态的环境。

在接受采访的时候，有记者问班尼斯特，为什么会选择跑步。当时，班尼斯特是这样回答的，他说："我喜欢跑步，我享受奔跑的感觉，这几乎是情不自禁的。社会和工作给了我们很多限制，而跑步则能让我的情感得到充分释放，这是一种对自由的向往。我坚信，人类的精神是永不服输的。"

在"梦幻一英里"成为现实之后，一位心理学家这样说道："事实上，成功不仅仅源自不懈的努力，心理作用也是非常关键的。当所有人都认为这是一个不可能达成的目标时，这种强烈的信念已经给大家上了一道'锁'。而班尼斯特却打开了这道'锁'，他超越了这个众所周知的设限，做到了所有人都认为不可能做到的事。"

是的，你要先坚信自己能做到，然后这个"不可能"才有可能变为现实。你也要先坚信自己是对的，才有底气去说服别人，让别人也相信。

这就好比推销产品，如果连你自己对所推销的产品都没有信心，又怎么可能让别人相信，并且愿意掏钱购买你的产品呢？在交际活动中，我们所要向别人推销的产品就是我们自己，包括我们的能力、思想、观点等。我们必须先相信自己，坚信自己所要表达的一切都有其价值，只有这样，我们才有底气去说服别人，并赢得别人的信任。

很多时候，我们真正缺少的，不是成功的能力，也不是严密的逻辑，而是对自己的信心，以及对自己所选择道路的坚信。

期望定律：鼓励往往比批评更有力量

“当你对一个人有着高期望，并总是给予对方鼓励时，对方就可能会朝着你所期望的方向发展，并最终成为你希望他成为的那种人。”我们将这种现象称为“期望定律”。这一定律被广泛应用在管理过程中，比如领导管理下属，老师管理学生，父母管理孩子，等等。

老严，人称“铁血活阎王”，远航公司市场部总监，以卓越的办事能力和毫不留情的“毒舌”闻名于公司。对老严这人，下属们可说是又敬又恨又怕：敬的是他卓越的工作能力，恨的是他完全不留情面的行事作风，怕的当然就是他那一言不合就开骂的暴脾气了。大家都说，在老严手底下做事，你得胆大心大脸皮厚，这样才能勉强扛得住他的“棍棒教育”。

公司老板对老严也很无奈。一方面，老板欣赏老严的办事能力，但另一方面，老板对老严的“铁血政策”也颇有微词，毕竟这些年来，被老严硬生生打击走的人，已经相当多了。老严自己也很郁闷，他其实并不是个炮仗脾气，很多时候严厉地批评下属，也是希望他们能在“棍棒”的督促之下不断进步，养成精益求精的工作习惯。毕竟在老严看来，“老好人”上司手底下最容易出的，往往是那种善于偷奸耍滑的懒人，而他的目标，是要打造一支最有能力、最出色的团队。

最近，老严手底下出了件事，让老严有些焦头烂额。老严团队里有个名叫杜谦的年轻人，是个非常优秀的人才，老严十分看好他。这一次的项目，杜谦在其中担任了非常重要的工作。老严一向奉行的是“棍棒教育”，越是看好谁，就会对谁越严厉，因此，从项目一开始，杜谦在他手下就没少被批评挑剔。

年轻人毕竟脸皮薄，招架不住老严的“棍棒”，加上这段时期，项目进展也不是很顺利，导致杜谦越来越灰心失望，甚至产生了辞职的念头。老严知道这事之后，也感到非常头疼，可又不知道该怎么去补救。

就在这个时候，一次很偶然的机会，老严在一本杂志上看到了一个案例，是关于美国著名心理学家罗森塔尔在1968年设计的一个实验。在实验中，罗森塔尔对一所小学里的学生进行了智力测验，然后拟出一份名单给老师，并告诉老师说，这份名单上的学生属于比较有潜力的那种。但事实上，这份名单是随机挑选出来的，只不过老师和学生都不知道这件事。

8个月后，罗森塔尔再次对这些学生进行了智力测验。结果神奇的事情发生了，那些被随机挑选出来写在名单上的孩子，成绩明显比第一次测验时好得多。罗森塔尔认为，之所以会出现这样的结果，很可能是因为老师在得知这些学生具有潜力之后，便有意或无意地给了他们一些特别的照顾和期许，致使他们的成绩得到了显著提高。罗森塔尔把这种现象称为“期望定律”。

这个案例给了老严一些启发，他特意找了个时间，把杜谦叫到了办公室，对他说道：“最近项目虽然遇到了一些波折，但我认为，凭你的能力，解决这些小问题不在话下。上次那个合同的事情你就解决得很好。我认为，以你的能力，足够做好这个项目了。”

虽然只是这么简单的几句话，但杜谦原本黯淡的双眼却仿佛突然被点亮了一般，当然，更多的是吃惊，毕竟这么多年，还真是鲜少有人能听到“铁血活阎王”的夸奖。

之后，老严发现，杜谦有了非常明显的改变，不仅工作比从前更加积极，表现似乎也比之前更好了。最难得的是，他居然真的在极短的时间里解决了项目遇到的问题，这让老严感叹不已，看来，这期望定律还真是有奇效啊！

很多时候，若我们希望一个人能取得更多进步，鼓励比批评要更有力量。批评在某种程度上或许可以激起对方的好胜心，让对方更加努力地证明自己，但同时，批评也可能直接摧毁对方的自信，让对方陷入消沉甚至是自暴自弃。鼓励则不同，每个人都有被他人认同的渴望，而鼓励无疑能满足人们的这种心理渴望，并让人们从心底滋生出对自己的信心，以及不愿辜负他人信任的决心，从而以更加积极向上的态度去面对生活，提升自我。

就像杜谦，领导老严对他的严厉批评超过了他所能承受的心理负荷，所以不仅没能激起他的好胜心，反而让他陷入了无边的沮丧和自我怀疑。而之后，老严直接向杜谦表达了自己对他的欣赏和期许，从而有效帮助他重新建立了自信，并且在之后的工作中发挥出了比从前更优秀的能力。

可见，比起批评，鼓励往往更有力量。当我们希望某人能够把某件事做得更好、更优秀时，不妨将批评变为鼓励，将打压换成期许，相信能够得到意想不到的效果。

情绪定律：别在情绪欠佳时开口说话

情绪定律告诉我们：人是情绪化的。一个理智的人，能够保持理性的思考，也能够控制好自己的情绪，不让情绪状态影响到自己的思考。

当一个人心情舒畅的时候，要好好说话并不难，真正难的是，当我们陷入坏情绪，被沮丧、愤怒甚至是绝望所笼罩的时候，我们是否还能够控制好自己的情绪，心平气和地与对方沟通，不因陷入坏情绪而说出让自己懊悔的话。

李佳是一名销售人员，在一家生产首饰包装盒的公司工作。

有一次，在跟进一单生意的时候，李佳与客户基本上已经把所有事情谈妥了，一切细节也已经敲定，只要签完合同就没问题了。可没想到的是，就在李佳把一切都准备好之后，这位客户却不知道出于什么原因，在最后关头反悔了。客户告诉李佳，他们在店里又找到了一批没用完的礼品盒，准备等那批礼品盒用完之后再重新下订单。客户再三保证，最迟一个月之后，一定会和李佳重新签订合同。

李佳感到非常愤怒，按理说，虽然目前合同还没有正式签订，但之前商谈了那么久，双方已经达成共识，客户这样的行为无异于出尔反尔。但考虑到长远的合作，李佳还是努力控制住了自己的情绪，答应客户一个月之后再继续跟进订单。

可没想到的是，一个月后，李佳如约来到客户公司，把合同也带来了，客户却依然推诿，不肯签字，甚至还透露，说最近有另外一家更便宜的包装盒销售公司正在与他们接洽。客户的行为让李佳非常愤怒，就在她快要控制不住自己情绪的时候，她突然想起了之前公司发生的一件事情。

其实，在做销售之前，李佳原本是在财务部门，后来因为得罪了部门经理，才离开财务部，自己申请进入了销售部。

说起她得罪经理的那件事，李佳其实也很无奈。那时候，李佳在财务部已经工作了三年，一直兢兢业业、一丝不苟，领导和同事对她都很满意。那段时间，部门接到通知，说员工的工资会进行重新调整，而且经理也找李佳谈了几次话，话里话外都在暗示对李佳的工作非常满意。可没想到的是，等新的工资单发到手上之后，李佳发现，自己的工资不仅没有涨，反而降了500块，这无异于一盆冷水浇到了头上。李佳一怒之下，就冲到了经理办公室找他理论。结果没想到，那天经理正在接待一个非常重要的客户，而正在气头上的李佳根本没注意到这一切，反而怒气冲冲地直接质问了经理，让经理很没面子。一直到后来，李佳离开财务部进入销售部之后才知道，经理原本是打算让她升职做特助的，而特助的工资构成与普通职员有所差异，工资单上显示的只是基础工资，可还没等经理跟李佳解释，她就自己先闹起来了。

想到这件事，李佳深吸了一口气，努力压下内心躁动的情绪，然后微笑着对客户说道："那么，可以冒昧问一下，与你们接洽的是哪一家公司吗？"

客户报出了一个名字，李佳想了想，礼貌地说道："这家公司的产品确实价位上比我们公司要低不少，但您应该也看过样品，知道他们不管是在用料还是在做工上，都是比不上我们公司的吧？"

客户点点头说："确实，但这毕竟只是包装，微小的差异根本不重要。"

李佳说道："当然，顾客购买的是商品，不是包装。但我想，像贵公司这样追求品位的珠宝商，一定会非常注重每一个细节吧？如果不能给商品配上相同档次的礼品盒，又怎么突出贵公司珠宝的优越品质呢？如果因为一个小小的包装，影响到贵公司珠宝在顾客心中的高品质定位，那一定非常不值得，您说对吗？”

听到这里，客户想了想，赞同地点了点头，李佳赶紧趁机拿出合同和客户进行商谈，顺利拿下了这单生意。看着客户签字的那一刻，李佳无比庆幸，这一次，自己没有再被情绪冲昏头脑，做出不可挽回的事情。

拿破仑曾说过这样一句话：“能够控制好自己情绪的人，比能拿下一座城池的将军更伟大。”我们常常说，一个人情商的高低决定了这个人交际能力的强弱，因为情商高的人往往比情商低的人更会说话，更懂得在什么时候应该如何表达自己。而情商管理的核心内容，其实就是人的自我情绪管理。

人生不如意事十之八九，我们不可能事事顺心，总有一些时候会被坏情绪所笼罩。在这种时候，如果不能迅速调整心态，那么至少要记住，不要在情绪欠佳之际轻易开口说话，更不要在情绪波动强烈之际轻易做任何决定。

吸引定律：取悦你想亲近的那个人

俗话说："物以类聚，人以群分。"人总是倾向于和自己精神属性相匹配的人在一起，在心理学上，这种特性被称为"吸引定律"。

人际交往中，情感会产生共鸣，比如你喜欢和某个人交往，那么对方喜欢与你交往的概率就会比较大。因为当你喜欢和某个人交往的时候，你很可能就会不自觉地做出一些取悦对方的举动，而如果你的取悦是成功的，那么对方和你在一起的感受必然是愉悦的，自然会对你产生亲近之意。

张铭今年33岁了，在某广告公司做平面设计师，虽然长相不俗、年轻有为，但从来没有谈过恋爱。以前在学校的时候，他一心扑在学业上，后来毕业了又忙着打拼事业，如今一转眼，发现身边的人都有了小家庭，自己却还是孤身一人，难免有些孤单。

之前在公司，张铭也对一位女同事有过好感，但每次都因为犹豫不决而错失了机会。前阵子，在公司举办的周年庆上，张铭认识了另一个部门新来的女同事艾菲。艾菲简直就是张铭心中的理想爱人，聪明漂亮，又温柔大方。整个晚上，张铭都在艾菲周围转悠，想和她搭话，但每次一犹豫，就又被其他人抢了先。

很快，张铭的好运气就来了。为了完成一个新的项目，公司从各个部门抽调了一批人，组成一个专门的项目组，张铭和艾菲都被抽调到了项目组里。这意味着，在接下来的几个月，张铭和艾菲将会有更多的接触机会。得知这个消息之后，张铭非常开心，仿佛这是命运的安排一般。他决定，这一次无论如何，都要努力抓住机会，不再错过自己的爱情。

为了让艾菲看到自己的优秀，张铭开始铆足了劲表现自己。有时候为了引起艾菲的注意，张铭甚至会故意去反驳艾菲说的话。结果，这种幼稚的行为，只能让艾菲越来越不待见他。

眼看项目就要接近尾声，张铭的追爱之路却没有任何进展，反而把艾菲越推越远，想到这些，张铭别提有多沮丧了。

张铭的好友刘希也是同一项目组的成员，知道了张铭的心思后，刘希简直大吃一惊，平时看张铭总喜欢反驳艾菲，他还以为艾菲得罪过张铭呢。就这表现，还指望人家姑娘能明白他的心思？

刘希无奈地劝告张铭："你要是真喜欢她，就得学会讨她欢心，而不是处处反驳人家。你想亲近一个人，最好的方法是去取悦对方，而不是处处反驳对方。"

张铭却不以为然地说道："我又不是应声虫，什么都得顺着她说。我反驳她，是为了指正她在工作中的错误，她自然能体会到我是为她好。"

不久之后，还没等到张铭表白呢，艾菲就有了男朋友。这个半路杀出来的男朋友也是项目组的一员，平时低调得很，各方面条件也都比不上张铭，但只有一点，据说他和艾菲特别谈得来。

再次"失恋"的张铭郁闷不已，连连哀叹艾菲没眼光。刘希说："不是艾菲没眼光，而是她从未正眼看过你。你经常反驳她，她能拿正眼看你吗？你啊，吸取教训吧！"

张铭的失败就在于他情商实在太低，不懂得用成熟的方式来表达好感。要知道，优秀的人固然令人欣赏、令人仰望，但相比优秀的人来说，人们往往更愿意同取悦自己的人亲近。毕竟我们与人交往，要么是为了实现某些特定的目的，要么就是为了获得愉悦的体验。没有人会喜欢一直给自己找不痛快的人。张铭却不明白这一点，反而试图通过展现自己比对方强大和优秀来吸引对方的注意，结果却是将心仪的人越推越远，最终失去了最佳机会。

想要和一个人建立良好的人际关系，最有效的方法绝对不是展现自己的优秀，而是让对方产生想和我们交谈的欲望和兴趣。换言之，当我们想要亲近一个人的时候，最好的办法就是取悦对方，而不是压制对方。毕竟，没有人会喜欢被压制、被打败的感觉，即使那个打败你的对手确实足够强大和优秀，恐怕也只能有欣赏，而很难产生亲近感。

累积定律：好感是一点点积累出来的

“任何伟大都是由无数的微小累积而成的。”这就是累积定律。

我们在与人交往的时候也是如此，无论是好感还是恶感，都是由各种细节一点点积累出来的。世界上从来不存在毫无缘由的喜欢或讨厌，即便是第一次见面的人，所产生的好感或恶感，也必然是能够找到根源的，只是很多时候，这种根源都隐藏在一些细节里，容易被人们忽略罢了。

很多人羡慕乔晨的好人缘，觉得他天生就讨人喜欢，尤其是有长辈缘和领导缘。但乔晨自己可不这么认为，这世上哪有这么多的天赋异禀，所谓的“讨人喜欢”和“好人缘”，都是一点点累积出来的。

在交际方面，乔晨是个极其注重细节的人。他一直觉得，人与人之间好感度的建立，实际上是从一些细节上开始的。你的穿着、打扮、举手投足，甚至是你开口说的每一句话、每一个词语，都是能够帮助你“刷好感”的东西。

乔晨一直有个很特别的习惯，就是记住别人的名字。每当认识一个陌生人，他都会下意识地记住对方的名字，下一次再见时，总能准确地叫出对方的姓名，而每次他这样做，都会让对方大吃一惊，从而迅速拉近彼此的距离，对方往往也会因为他的细心而对他好感大增。

乔晨还记得，自己刚刚考上大学的那一年，第一堂课是用来做自我介绍的。他和以往一样，习惯性地记住了每一个同学的名字。一个多星期之后，班主任突然召开班会，说要选举班委。

众所周知，大学时候的班委和初、高中的是有很大区别的。初、高中时期，担任班委只要学习成绩好就行了，所以通常都是由老师直接任命的。大学时期则不同，班委需要更多地参与班级管理、协调同学的关系等。换言之，大学更像是一个小社会，要想竞选班委的职务，比起学习成绩，人际关系往往更重要。因此，大学时期竞选班委，通常是由学生自己投票来决定的。

当时，乔晨报名参加了班长的竞选，和他一起参选的，还有几个非常优秀的同学。班主任给了每个人大概五分钟的时间，让他们发表一个短小的演讲来给自己拉票。大家上台之后，要么就罗列自己学生生涯中的光辉历史，包括获得过什么奖项，以前在学校担任班委时做过哪些事情，等等；要么就铺陈未来的美好计划，包括竞选成功之后能为同学们带来什么便利，组织什么活动，等等。

乔晨是最后一个上台演讲的，轮到他的时候，不管是过去的光辉还是未来的展望，几乎都已经被说完了。乔晨没有走这些老套路，而是自信地微笑着对台下的同学说了这样一句话："接下来，我会向大家证明，我比任何人都适合担任班长的职务。"

接着，在众人好奇的注视下，乔晨微笑着走下讲台，走到每一个同学的面前，准确无误地叫出了对方的名字，并且说出了对方在一个多星期前自我介绍时说的兴趣爱好和特长等。毫无悬念，在雷鸣般的掌声中，乔晨最终赢得了大多数同学的支持，当选了班长。

乔晨之所以讨人喜欢，能够拥有好人缘，显然并不是因为有所谓的天赋，而是因为他在与人交际时注重每一个细节，力求用细节打动人心，让对方感受到他的真诚和用心。所谓的好感就是在一个个的细节之中累积起来的。

每个人都有过这样的体验：第一次见到某个人，就毫无缘由地觉得很喜欢或者很讨厌对方，毫无缘由地想要与对方亲近或者疏远。但仔细想一想，这种喜欢和讨厌、亲近和疏远，真的是毫无缘由的吗？当然不是，我们之前就说过，这个世界上不会有无缘无故的喜欢和讨厌。哪怕是第一次见面，哪怕还不曾有过任何交集，我们也会根据对方所展现出来的许多细节，包括长相、穿着、打扮、举手投足等，不自觉地在心中留下一个大致的印象，而这个印象的好坏，就决定了我们对对方产生的“毫无缘由”的喜欢或讨厌。

所以，一个人是否拥有好人缘，主要靠后天努力，而非先天的“属性”。不管是好感还是恶感都有迹可循，是通过一个个细节慢慢累积起来的。想要让人喜欢你、亲近你，你就得时刻展现出值得别人喜欢和亲近的特质，或许是善良，或许是诚恳，或许是热情，或许是礼仪。切记，最打动人心的东西，往往都由细节而来。

面子定律：
成功的交际，就是时刻给对方留面子

中国人尤其好面子，做事情时往往会优先考虑面子的问题。因此，面子定律告诫我们：成功的交际，就是要懂得时刻给对方留面子。

与人交往的时候，不管你有多么优秀，说的话多么有道理，如果不想结仇，就一定要记得给别人保留一些脸面。对于很多人来说，面子就是尊严的一种体现，而人都是需要尊严，希望能够得到别人的尊重的。

克洛里作为一名木材公司的销售员，最让他头疼的对象恐怕就是那些脾气又臭又硬的木材检验人员了，偏偏克洛里的工作让他不得不总和这些顽固的家伙打交道。

众所周知，检验这回事，门道多得很，单是检验标准这一

条就有很多可以做文章的地方。以前年轻气盛的时候，克洛里也曾凭借自己的三寸不烂之舌和不少木材检验人员辩论过，可即便他把对方驳斥得哑口无言，也没能从中得到任何好处。那些检验人员才不会管你有什么意见呢，一旦下了判断便坚决不肯更改。后来，随着和这些人打交道的经验越来越丰富，克洛里开始转变策略。令人意外的是，当他学会收敛自己的脾气，保全对方的面子之后，他与这些木材检验人员的沟通居然取得了意想不到的效果。

有一次，克洛里刚谈完一笔生意回到公司，就接到了一家工厂的木材检验员的电话，对方的语气非常焦躁，而且说话极不礼貌，怒斥克洛里公司运送过去的木材与描述的不相符，不合格率居然高达55%。很显然，这位检验员可不是什么好脾气的人，说话极不中听，一口咬定要退货，还要求克洛里的公司赔偿。

如果这件事是真的，那绝对称得上重大事故了。克洛里非常担忧，急忙马不停蹄地往对方的工厂赶。按照以往的经验，这件事最有可能的结果，是木材检验员在检验时出了某些纰漏。在抵达工厂之后，经过一番调查，克洛里发现，事情正如他预测的一般。这批木材之所以出现这样惊人的不合格率，完全是因为检验员的检验标准太过严格，关键的是，这批木材是杂木，可对方却用了检验白松的标准来检验这批木材。

这个时候，克洛里完全有理由去指责这位检验员，但他很清楚，如果他这样做了，那么当众被伤了面子的检验员心里必然不痛快。这样一来，即便重新更改检验标准，对方也完全可以用更加严苛的要求来找碴儿，最后损失依然得由公司来承担。

所以，即便发现了问题所在，克洛里也没有立即提出异议，而是摆出一副谦虚好学的姿态，向检验员请教木材不合格的理由，并一直表示，自己这样做并不是怀疑检验员的检测结果，只是希望以后在送货时能够避免类似的错误。

克洛里诚恳的态度显然取悦了检验员，双方之间原本剑拔弩张的气氛也得到了缓和。眼看着检验员脸上的表情越来越缓和，克洛里这时才隐晦地提了几句，说如果按照刚才检验员说的标准，那么这些木材的合格率或许没有那么低。

为了让检验员有更好的台阶下，克洛里还无奈地表示，按照合同上签订的价格，也只能提供这个等级的木材了。当然，如果对方实在不满意，公司方面是可以进行调换的。

到了这个时候，检验员其实也已经发现了自己检验工作的纰漏，但从头到尾，克洛里都没有提及这一点，这反而让检验员感到愧疚。最终，检验员主动承认了自己工作上的失误，并按照合同要求顺利结算了这单生意。

试想一下，如果克洛里在发现检验员的错误之后立即揭穿他，甚至咄咄逼人地和对方展开辩论，那么会发生什么呢？或许一开始为了维护自己的面子，检验员会想尽办法去辩驳，力图证实自己是对的，当然，他无法赢得这场辩论，因为在不容辩驳的事实面前，他确实错了。最后，尊严受到伤害的检验员心里对克洛里一定是有意见的。可能他会被迫向克洛里道歉，然后重新对木材进行检测。但他会拿出最严苛的标准，尽可能把这批木材的合格率降到最低……这就是克洛里赢得辩论之后的结果，虽然他会在口头之争上占上风，甚至让检验员下不来台，但克洛里也会付出相应的代价——让公司承受不必要的损失。

在和别人交际的时候，永远不要忘记自己的最终目的究竟是什么。我们之所以花费这么多的时间与精力去和别人谈话，是希望能够与对方建立长久的交往，或者说服对方接受我们的意见和想法。口头之争或许能让我们感到一时的风光无限，但对长远的发展来说却是百害而无一利的。所以，请记住，无论何时，都不要因意气用事而将谈话变为争吵。成功的交际，就是要记得时刻都给对方留面子。

刺猬定律：
“取暖”也要保持合适的距离

两只刺猬因为寒冷而凑在一起取暖，但因为各自身上都长着刺，所以如果靠得太近，就容易刺伤对方，而如果离得太远，又无法达到取暖的效果。几经折腾之后，两只刺猬终于找到了一个合适的距离，既能相互温暖，又不至于被对方身上的刺所扎伤。这个“合适的距离”，其实就是人与人交往时的一种理想距离。在心理学上，这种现象被称为“心理距离效应”，也叫作“刺猬定律”。

其实每个人都像刺猬一样，需要温暖和陪伴，但同时，也需要一个不容他人侵犯的私密空间。与人交往，并非越亲密越好，即便两个人情谊深厚，也要注意保持距离，把握分寸，否则可能会给对方造成伤害，让珍贵的情谊蒙上阴影。

姜娜和刘艺是一对好闺密，关系非常亲近。两人从小就是邻居，小学、初中、高中又都在同一个班级，还是好几年的同桌。大学虽然上的不是同一所学校，但在同一个城市，距离也不远，每个周末都会约着一起逛街、吃饭。不管是姜娜还是刘艺都把对方当作自己最好的朋友，并且一直坚定地认为，这段姐妹情会天长地久。

大学毕业之后，姜娜和刘艺合租了一个套间，并且一起面试，进了同一家公司的同一个部门，只不过姜娜进了A组，刘艺则进了B组。两个女孩之间的感情和缘分令所有人都羡慕不已。

A组和B组虽然属于同一个部门，但两组之间其实是存在一定的竞争关系的。当然，姜娜和刘艺都不认为工作上的竞争会影响到两人在生活中的友谊。直到有一次，为了争夺一个升职机会，两组的组长需要一套策划案来角逐一个项目。结果没想到的是，最后两个组的策划案居然“撞车”了，不管是策划方向还是宣传策略都惊人地相似，这样一来，排在后面发言的B组自然吃了大亏，输掉了这场角逐。

事后，大家虽然表面上没说什么，但却都旁敲侧击地去询问刘艺，是不是她不小心把策划案的内容泄露给了姜娜，就连组长都私下找刘艺谈了话。

虽然刘艺很信任姜娜，但这事毕竟太巧了，刘艺内心难免也有些动摇。而且平时在家里，由于两人关系好，所以虽然是一人一间卧室，但却都没有锁门的习惯。有好几次，刘艺从外头回来，都碰见姜娜从她卧室里出来，说是去借用指甲油或者吹风机什么的。平时这种事情非常常见，刘艺也没有什么想法，但现在大家这么一说，她不免也有些怀疑了。

这件事发生后，刘艺心里始终有个疙瘩，后来干脆养成了锁门的习惯。姜娜虽然没说什么，但没多久，刘艺发现，她的卧室门也上了锁。虽然从表面上看一切似乎都没有变化，但那两扇锁上的门，就仿佛是两颗锁上的心一般，已经开始渐行渐远。

距离是一种美，同时也是一种保护，既保护他人，也保护自己。在这个世界上，最复杂的东西就是人心，哪怕是与你朝夕相处的恋人或血浓于水的亲人，也不可能完全看透彼此。留出距离，实际上就是给彼此的感情腾出一个缓冲的空间，同时也让自己拥有一个安全的、能够完全放心的区域，这对彼此感情的维系与发展都是有好处的。

两个人相处，太过亲密就容易忘了分寸，口无遮拦，而语言偏偏又是最容易伤人的“武器”。很多人都有过这样的经验和体会：与某个人越是靠近，就越容易发生摩擦和矛盾，交往的时间久了，倒发觉不如最初交往时那么简单和舒适了。这就是很多情侣谈恋爱的时候觉得很和谐，但在结婚之后反而矛盾越来越多的缘故。

可见，最好的感情应该做到“亲密有间”，要保留一定的空间和余地，才能让彼此更好地携手走下去。懂得保持距离，在相处的时候才会注意分寸，在说话的时候，也才不会口无遮拦。

需要注意的是，所谓“理想的距离”并不是一个特定的标准，而是应该根据两个人之间的关系和感情进行调整，关系亲近、感情深厚，理想的距离自然就比较近一些。但无论如何都要记住，有一个底线是不能逾越的，那就是——尊重别人的隐私。不管是多么亲密的人际关系，哪怕是父母与子女、妻子与丈夫、兄弟姐妹之间，都不能踏过这条界限。

互惠定律：付出善意，才能收获好意

“给予就会被给予，剥夺就会被剥夺；信任就会换来信任，怀疑就会换来怀疑；爱就会收获爱，恨就会收获恨。”在心理学上，这叫作“互惠关系”。

每个人都有知恩图报的特点，今天你给我一包泡面，明天我便会下意识地给你带包饼干。今天你骂了我一句，明天我便会下意识地找机会给你添点堵。人与人的交往就是这样，每个人的潜意识里都有一个“公平机制”。这种“公平机制”不仅作用于物质方面，同时也作用在精神方面。所以，如果你希望从别人那里收获好意，就需要先付出善意。

杰克和凯西的相识并不愉快。那天杰克刚丢了一个大订单，而凯西刚和男朋友分手，两个无精打采的人不幸撞到了一起，凯西手里的咖啡洒了杰克一身。两个人的相识就这样拉开了帷幕，凯西沮丧地道歉，而杰克咄咄逼人地发泄，使这场偶遇最终演变成了一场争吵。两个倒霉的人把各自人生的不如意都发泄到了对方身上。

如果这只是一场萍水相逢，那么随着时间的流逝，大概也不会在彼此的人生中留下什么印记。但偏偏，世界上的事情就是这么巧。一个月后，杰克与凯西再次相遇了，这一次的相遇是在公司会议室，凯西成了“空降兵”，直接抢走了杰克属意已久的职位，简直就是旧恨未消，又添新仇。就这样，杰克和凯西成了死对头。

而两人关系的转折点是一次乌龙事件。

那天上午，杰克结束了自己的假期，带着一堆旅行时买的东西回公司上班，顺便给同事们分发礼物，当然，这里的“同事们”绝对不包括他的死对头凯西。可偏偏事情就是这么凑巧，在杰克兴高采烈地分发礼物的时候，凯西正好推门走进办公室，也不知是被谁撞了一下，杰克一个踉跄就把手里拿着的盒子递到了凯西面前，盒子上头还别着一张卡片，上头写着：世界上最可爱的女士，生日快乐！

这份礼物原本是杰克为妹妹挑选的生日礼物，但大概是早上出门的时候太匆忙，没留意就把它和其他东西一起带来了。

凯西看着包装精美的礼物盒子上的卡片愣了一下，就在杰克打算淡定地把手收回来，顺便再开口嘲讽“死对头小姐”几句的时候，凯西居然把礼物接了过去，红着脸小声地说了句：

“谢谢……你怎么知道我今天生日？”

杰克有些意外，刚想开口否认，但看到凯西脸上略带羞赧和感激的神色时，又把否认的话吞了回去，生硬地说了句：“嗯……员工资料上有。”而事实上，他哪有空去看这位“死对头小姐”的资料啊。

有了这个尴尬的小插曲之后，杰克发现，一些事情似乎和从前不太一样了。原本一直对他不假辞色的凯西居然会主动和他说“早上好”和“再见”，虽然态度依旧不见得有多好。更令人意外的是，他在公司例会上提出的新方案居然得到了凯西的大力支持。当然，他也对自己的提案很有信心，只是很意外这个一直喜欢找他碴儿的家伙居然会旗帜鲜明地对他表示支持。

如今，凯西已经成了杰克的太太，每当回忆起当初的那些日子，夫妻俩都觉得十分不可思议。而杰克呢，一直都无比庆幸那一年一不小心向凯西递出了橄榄枝，要是没有那次的错误和巧合，或许他就要错过一生的挚爱了呢！

不愉快的开始让杰克与凯西对彼此留下了最差的印象，以至于在之后的相处中，两人总是互相看不顺眼，事事针锋相对。但他们真的就这样讨厌对方吗？显然并非如此，他们对彼此的不满不过是源自从对方身上感受到的敌意罢了。所以，当杰克因为一次意外的乌龙而对凯西递出橄榄枝后，凯西才会相应地给予杰克积极的回应，两人的关系也彻底得到了扭转。

可见，在人际交往中，当你希望与某个人建立友好关系的时候，最有效的方式，就是先递出你的橄榄枝，让对方感受到你的善意。俗话说“伸手不打笑脸人”，当你能够以友好的方式去和别人相处时，对方即便没有多喜欢你，也会不好意思再去针对你。

像中国人所说的“礼尚往来”，实际上也是互惠定律的一种表现。人与人之间的互动就好像坐跷跷板一样，总是需要高低交替才能进行下去的。如果你总是咄咄逼人，不肯让步，那么对方也不可能永无止境地退让回避。但如果你懂得适时让步，向对方展示出你的善意，那么对方必定也会给予你相应的好意。